U0018635

生 命 中 最 有 梗 的 1 天

沉浸在極致幸福中的
88 則旅行故事

人為什麼要旅行？

因為有想見的人？
因為有想看的風景？
因為有想體驗的事？

旅行中所見世界的形狀，
每個人都不一樣。

只要往外踏出一步，
一定可以看見不同於以往的風景。

旅行，可以讓人生的意義漸漸變得簡單。
旅行，可以讓每個日子如同寶石般愉悅燦爛。

走吧，收拾行囊吧。

✿ CONTENTS

SPECIAL 篇

教育部國語字典解釋用法：

有哏 (ㄧㄡˇ ㄍㄣˊ)：滑稽多趣

本書書名取其以下用法：

生命中最有梗的1天：

1.動詞→向上挺直。2.形容詞→剛正直爽。

這一生，有那麼一天，我們透過旅行看見世界，進
而得以讓我們的個性向上，讓我們的性格剛正直
爽。把愛分享給大家。

生命中
最有梗的
1天。

沉浸在極致幸福中的
88則旅行故事

前言

這本書收集了 88 個人的故事，
敍述他們在旅行中經歷的「生命中最有梗的 1 天」。

這不是坊間常見的旅行達人專業導遊，
而是讓我們赤裸裸地看見各位旅行素人最真實的面貌，
「我在這裡做了這些事，真是太棒了！」
文字中簡明仔細地介紹了旅行目的地以及旅遊資訊。

編這本書時，我再次心想：
旅行對任何人來説，
都像是一個塞滿了「珍貴轉機」的寶盒。

僅此一次、短短幾天的旅行，
就有可能遇到改變既有人生的
珍貴人、物、想法。

這除了是收集了世界上 88 個有趣旅遊地點的旅遊導覽書，
同時也是滿載 88 個人、88 種「幸福形狀」的
幸福導覽書 。

還請各位慢慢欣賞。

「生命中最有梗的 1 天」製作人 高橋步

~二十四歲的第一次一個人旅行~

上演命中注定的重逢，
《魔女宅急便》的世界。

2010年春天，我愛上了在東京偶遇的她。

儘管腦中有過各種美好想像，卻也只能相聚短短瞬間，相遇三天後的早上，她就回到出生的故鄉瑞典去了。

那時單純的我心想：

「那只好到瑞典去找她了！」

念頭一起，我立刻付諸行動。我開始籌畫旅行資金、護照等必要的準備，一回神，人已經穿過成田空港的登機門了。這是我有生以來第一次出國，也是有生以來第一次一個人旅行，心中充滿興奮和不安，想像著「國外」這個未知世界的種種，就讓我七上八下又雀躍不已，完全無法鎮定下來。

飛機平安在清晨抵達瑞典，我終於和苦苦思念的心儀對象在斯德哥爾摩重逢。

我的一天從還留著中世紀餘韻的「GamlaStan」開始。我們悠閒散步在《魔女宅急便》場景原型的舊市街。就像是闖進了電影世界一樣，街景之美讓

人忍不住嘆息。她還帶我去參觀了斯德哥爾摩市政廳的展望台、市立圖書館等觀光景點，享用午餐和FIKA（譯註：瑞典文「Coffee Break」，享受咖啡的休息時間之意。），讓我深入認識了人生中第一次的瑞典。

能在遙遠異國重逢的這一天，我一輩子也忘不了。

隻身旅行拜訪斯德哥爾摩的期間，只有短短六天。

當時的我萬萬沒想到，兩年後的春天，**我竟然會移居瑞典，和她一起生活。**

♛PROFILE
姓名：**坂村駿**　　年齡：26歲　　職業：上班族

✍ABOUT
國名・地區：瑞典・斯德哥爾摩
一天的路線：斯德哥爾摩舊市區「GamlaStan」→斯德哥爾摩市區
旅行種類：一個人旅行

✈ACCESS
從日本到芬蘭的赫爾辛基轉機，抵達瑞典的斯德哥爾摩。從日本到赫爾辛基大約10小時30分鐘，赫爾辛基到斯德哥爾摩大約1小時。

翱翔天際，漫步星空，行走雲端。
名為「天空之鏡」的奇蹟美景。

睜開眼，發現我置身「鏡中世界」。

玻利維亞·烏尤尼鹽湖。
這座湖剛好與日本相隔地球兩端，標高3800公尺，一到雨季，鹽湖表面就蓄滿了水，搖身一變成為「天空之鏡」的奇蹟美景。

清晨，光線射進鏡中世界。
原本陰暗的天空化為群青色、紫色、粉紅色，太陽探出頭來。
這裡的朝陽就是日本的夕日。這麼一想，不禁覺得很不可思議。
地球似乎遠比我們想像的小，也轉動得很快呢。

中午，腳邊的鏡子倒映著天空的藍。
上、下、左、右，環望四周360度，都是藍色世界。
往前望去，朋友好像浮在天空中。
身後另一個朋友正走在雲端。

「到烏尤尼，就可以飛上天空喔。」

曾經有位旅人這麼說，現在我終於了解這句話的意義了。

傍晚，太陽西沉。

光帶來深濃的陰影，鏡子映照出影子。

沒有任何遮蔽物，眼睛所見只有太陽。

顏色、聲音、空氣、味道。

平常不曾留意的東西今天卻大不相同，

它們主動熱情地頻頻招呼，

要我解放所有五感，感受這個世界。

夜晚，我來到宇宙當中。

「不會吧！」仰頭望去是一片令人差點忍不住驚嘆的星空，星星的閃爍也映照在腳邊。我在每踏出一步就好像會墜落的黑暗當中，一步一步跨出腳步。

沒錯。今天晚上，大家一起在星空中散步。

並沒有什麼特別活動，也沒有去什麼特別的地方。

這一天，我只是待在眼前這空無一物的景色當中。

但是這一天卻遠勝過其他的任何一天。

有一個「空無一物」的世界。
有一種在「空無一物」中才能發現的景色。

這一天，我在地球的另一端有了這番體悟。

♛PROFILE
姓名：**橫地弘章**　　年齡：25歲　　職業：公務員

✍ABOUT
國名・地區：玻利維亞・烏尤尼鹽湖
一天的路線：在烏尤尼鹽湖過一天
旅行種類：一個人旅行

✈ACCESS
從日本經兩個美國都市到玻利維亞的拉巴斯轉機，抵達烏尤尼鹽湖。去程飛行時間共約22小時。

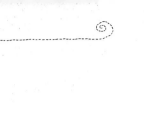

挑戰極限過後的極致成就感。

走三步就會喘不過氣，一坐下不消三秒就會進入夢鄉。
就在受挫了十次左右，非洲最高峰的日出給了我力量。

　　2011年7月7日，我在吉力馬札羅山的基博山莊（Kibo Hut）仰望滿天星斗。心情暢快到了極點！但身體狀況則糟到極點……跟我一起組隊的八個俄羅斯人在此放棄。標高4700公尺，黑暗又安靜的登山小屋裡，可以清楚聽見有人在屋外嘔吐的聲音。結果我一個晚上都沒能闔眼，直接挑戰攻頂。既然花了三天來到這裡，只能相信自己健壯的身體，繼續往前進了。在隨時都可能會失足的斜坡上，呈Z字型往上爬。坦尚尼亞當地出生的導遊連燈都沒拿，一步一步往前走。

　　我忍不住懷疑，「真的是這條路沒錯嗎？」

　　5：00AM。5681公尺的吉爾曼峰（Gillman's Point）突然現身。意料之外的攻頂！但是才開心不到半晌，「這裡還不是真正的山頂。」導遊丟來青天霹靂的這句話。又前進了一個半小時，往真正的山頂烏呼魯峰（Uhuru Peak）前進。單純的呼吸中混雜著「哈～哈～」的喘息聲。每前進三步就幾乎喘不過氣，一坐下就會因為缺氧和睡魔，不消三秒鐘就會進入夢鄉。聽起來很像鬧

劇，不過當時的掙扎可讓人笑不出來啊。「夠了⋯⋯」就在我心裡放棄第十次左右，陽光給了我力量。還有在光線照耀下閃耀發光、令人驚嘆的萬年冰河。這時導遊指著烏呼魯峰，說是就快到了。他的「還有一會兒」，遠比想像中的遙遠。

　　6：30AM。終於實現吉力馬札羅山攻頂!!我和導遊互相擁抱，片刻暫忘疲累辛勞。好不容易爬上了這5895公尺。可是，已經沒時間在山頂沉浸於感動之中了。我們從這裡開始就像滑落一樣，一口氣下到基博山莊。不過還沒結束，還得繼續撐著身子往下走。長時間待在4000公尺以上的高地，會給身體帶來很大的負擔。

　　6：00PM。回到兩天前出發的賀龍坡山莊（Horombo Hut）。漫長的一天終於結束。我覺得今後不管任何事都能克服。目前為止的人生中，從來沒有這麼疲累的體驗。

　　這是最棒的成就感。我一輩子都不會忘記這最棒的一天。

👑PROFILE
姓名：**高士聰子**　　年齡：29歲　　職業：上班族
部落格：跑遍地球的方法「世界教室」
　　　　　http://guide.arukikata.co.jp/aroundtheworld/

✉ABOUT
國名・地區：坦尚尼亞・吉力馬札羅山
一天的路線：0：00AM從基博山莊開始攻頂（標高4700公尺）→5：00AM抵達吉爾曼峰（標高5681公尺）→6：30AM抵達烏呼魯峰＝吉力馬札羅山登頂！（標高5895公尺）→6：45AM開始下山→12：00PM抵達基博山莊→休息&因為太過疲累晚餐無法進食→2：00PM雖然已經不想再走，還是繼續往基博山莊前進。→6：00PM抵達賀龍坡山莊（標高3720公尺）→晚餐&筋疲力盡就寢，結束漫長的一天⋯⋯
旅行種類：環遊世界中的登山旅行

✈ACCESS
從日本經阿拉伯聯合大公國的杜拜、坦尚尼亞的三蘭港，抵達吉力馬札羅山。日本到杜拜約11小時，杜拜到三蘭港約5小時30分，從三蘭港到吉力馬札羅山約1小時30分。

假如人人都能展現自己的顏色，世界就會更美麗。
「旅行中的我，似乎跟平常不太一樣。」

「我正在旅行呢。」

所有事物都以分鐘為單位運行的東京，日子往往在不知不覺中隨波逐流。一不留神時間已經流逝。日常生活的忙碌蒙蔽了眼睛，一定讓我錯失了許多東西。在巴士上晃著晃著，我驀然回顧活在日本時的自己。

我這麼想著。

「但現在不一樣。旅行中的我，總覺得跟平常不太一樣。」

朝著自己的目的地，相信途中相遇人們給的導引，不斷往前進。在陌生的土地上，坐在語言不通的司機所駕駛的破爛巴士，心中確實也有不安。但是總覺得很滿足。我徘徊在不安和忐忑之間，朝向未知的地方。

「有多久沒有這種滿足的感覺了？」

旅行之後我才發現自己的貧乏。我的眼睛忽視自己周圍的許多美麗。我的耳朵錯過自己心底的想法。我的心忽略了許多溫柔和愛情。

一場旅行，絕對是探索自己的好方法。

因為當我遇見自己新的一面時，我的世界又變得更寬廣了。

夜晚的會安有股神祕之美，宛如置身於夢中。繽紛的燈籠在水面閃耀，幾乎要把人吸進去。繽紛的世界，因為有絢爛七彩而美麗，因為各自的顏色綻放光芒而美麗。

人一定也一樣。

假如人人都能展現自己的顏色，世界就會更美麗。

♔PROFILE
姓名：**平島萌子**　　年齡：22歲　　職業：護士
部落格：跑遍地球的方法「世界教室」http://guide.arukikata.co.jp/aroundtheworld/

✍ABOUT
國名‧地區：越南‧會安
一天的路線：從順化搭乘長距離巴士，走山路前往會安。→抵達後搭計程機車到飯店
　　　　　　→在會安街上吃了會安名產，白玫瑰（譯註：White Rose，類似餛飩，以白色
　　　　　　透明米粉皮包蝦肉餡，形如玫瑰花，故稱白玫瑰。）、高樓麵（譯註：Cao Lau，粗
　　　　　　米線加上豆芽菜、香料及燒肉等的麵食。）、炸餛飩。（好吃極了！）→在充滿
　　　　　　會安歷史風情的地區，陶醉度過期待已久、點綴燦爛燈籠的夜晚。
旅行種類：跟朋友一起旅行‧第一次當背包客

✈ACCESS
從日本經越南胡志明市轉機，到達峴港。日本到胡志明市約7小時，胡志明市到峴港
約1小時，從峴港到會安走陸路約1小時30分鐘。

畏畏縮縮，不敢挑戰的自己。
曾幾何時，我已經忘了赤子之心。
那一天，我是多麼羨慕柬埔寨的孩子們堅毅閃亮的眼神、純粹的笑臉。

幸福是什麼……

在柬埔寨的那一天，我再次思考著這個問題。

我尋找著自己生存的意義。

其實我並沒有厭惡這個世界。

每天平淡度日，重複著一樣的過程，讓我覺得不太對勁。

為了追求刺激，我拿起心愛的相機飛往柬埔寨。

那裡就像身處於三溫暖中一樣燠熱。

我用毛巾擦著汗水，頻頻按下快門。

像圖畫般的藍天、各種遺跡、眼前開闊的田園風景，道邊無數的牛群。

我著了魔似的不斷拍著照。

下田的大人身邊，有天真嬉戲的孩子們。

我坐在樹蔭下，一直看著這些孩子們。

使盡全力遊玩的孩子們看起來好開心。

他們沒什麼特別的玩耍道具。

孩子們利用自然當中現有的東西遊玩、樂不可支。

他們正用力活在「當下」。

我每天在日本所追求的東西，現在看來是那麼微不足道。

想要新電視！想要衣服！想要電腦！

每天的生活中都充滿了物慾，覺得只要獲得這些東西就能獲得幸福。

這想法自覺好悲哀。

孩子們炯炯有神且閃亮的眼睛，實在讓人羨慕。

畏畏縮縮，不敢挑戰的自己。
曾幾何時，我已經忘了赤子之心……

柬埔寨是個發展中國家，追溯日本的過去，就可以看到現在的柬埔寨。

他們純粹的笑臉給我留下深刻的印象，幾乎不敢想像這是個幾年前還有內戰的國家。

雖然貧窮，生活卻依然快樂有活力。

我生在日本，過著無虞匱乏的生活，以往一直站在這個角度看世界……

其實，住在柬埔寨的人，或許根本不覺得自己貧窮。

在這裡，似乎有著日本人遺忘的某些東西。

真正的幸福……或許定義因人而異，但是透過旅行，我的想法的的確確改變了。

♛PROFILE
姓名：**神永悅史**　　年齡：33歲　　職業：自由業
部落格：http://blogs.yahoo.co.jp/tabitabicanbodia

☂ABOUT
國名・地區：柬埔寨・暹粒
一天的路線：參訪遺跡→悠閒觀覽河川、湖泊，田園風景。
旅行種類：與好友同遊・攝影之旅

✈ACCESS
從日本經泰國曼谷抵達柬埔寨的暹粒。從日本到曼谷約6小時30分，曼谷到暹粒約1小時。

在世界上最美的藍色海水中，跟水中摩艾石像面對面。水面下有個和地面上完全不同的另一個世界。

占據世界地圖70%的藍色部分。這些藍色部分並非空空如也，在水面下有一片跟陸地上完全不同的水中世界。一位看遍全世界大海的朋友，告訴喜好旅行和水肺潛水的我，這片海水是「世界上最美的藍」。

出社會後第二年冬天，我決定換工作。當時我想來一趟自己一個人無法成行的旅行，於是決定參加和平之船環遊世界之旅。

旅行中拜訪了許多世界遺產，南極和肯亞之行中，地球的美深深打動我的心，在巴西我拜訪過貧民窟，臨時起意參加了里約熱內盧的嘉年華，也到過地雷區之村在爆炸波可及的距離見證了爆破處理。在船內我參加了免費的語言還有夏威夷草裙舞等課程，了解即將拜訪的國家，也和以貴賓身分登船的高橋步先生把酒暢談。那是我人生中最棒的夏天，帶給我許多連結到現在工作的邂逅和學習。其中特別難以忘懷的，就是在不可思議的復活島所度過的一天。

復活島是一個天空、雲朵、大海、草原等鮮明對比相當美麗的島。在通透清澈的天空下，我騎著租來的機車，在偶爾會降下驟雨的島上巡禮。排列著十五具摩艾石像的知名景點東加歷奇（Ahu Tongariki）還有據說是摩艾石像製

造工廠的拉諾拉拉庫（Rano Raraku）。據說是食人族住處遺址的洞窟，有鳥人傳說的斷崖絕壁。不經意走進的餐廳讓我嚐到令人驚嘆的美味！

從港口搭小船出近海，潛入被稱為絕海孤島的深濃蔚藍海中，這一瞬間終於到來。海水的透明度極高，在水深五十公尺處依然能仰望天空。隨著海潮流動時，就好像乘著風在天空飛翔一樣。

接著我穿過洞窟，在光線中和原生種的魚類以及海龜同游，突然撞見了水中摩艾石像。在這個到處都是摩艾石像的島上，能夠遇見水中摩艾石像的，也只有潛水人了。

美麗的海洋不少，但是能在地球的另一端窺見無言巨石人凝視的深藍色世界，帶給我難以忘懷的特別一天。

「就算有錢，如果眼神是死的，一切就完了。」
我在印度看到的信仰、貧困，還有笑臉。

印度的菩提伽耶這個地方，在送往迎來的一年交替時，早晚氣溫不到十度，非常寒冷。身穿特級極輕羽絨，快凍僵的早晨我首先看到的，是身體貼著冰冷地面，正在祈禱的佛教徒。

相傳佛陀（Budda）曾在此悟道的摩訶菩提寺裡，從早到晚都密密麻麻有人進行五體投地的祈禱。

這種在日本從未看過的莊嚴光景，讓我感受到追求心靈平安的純粹。

從這佛教聖地的寺院踏出一步，馬上有許多乞丐上前要錢。

面對這些在日本從未看過的身障者或母子一起上前的乞討者，該怎麼取捨抉擇永遠是背包客不得不面對的問題。以我自己來說，那一天**我付了錢，請他們「當我照片的模特兒」**。

因為「要求對價關係」而給錢，剛開始不免讓我有些罪惡感，覺得自己在強迫他們做不喜歡的事。

但是拍著拍著，這種感覺漸漸消失了。

當我拿起相機，他們總是大大方方。

用布纏起頭，希望鏡頭下的是精心裝扮過的自己。

這些人或許沒有看到自己的劣勢。

他們只看到自己的好。

所以才想要用心打扮，所以才笑得出來。

他們的眼神非但沒有死氣沉沉，甚至帶著驕傲。

眼前的他們，似乎在告訴我「**就算有錢，如果眼神是死的，一切就完了。不能不笑喔。**」

我在印度菩提伽耶看到的東西，是信仰、貧困，還有笑臉。

我似乎看見了日本過剩以及缺乏的東西。

♛PROFILE
姓名：**澤本拓也**　　年齡：29歲　　職業：辭去工作參加青年海外協力隊
部落格：http://takuyainmozambique.blogspot.com/

✍ABOUT
國名・地區：印度・菩提伽耶
一天的路線：住宿寺廟（佛心寺）→摩訶菩提寺→菩提伽耶市內
旅行種類：一個人旅行

✈ACCESS
從日本搭機到泰國的曼谷轉機，到達印度的加爾各答。從日本到曼谷約6小時30分鐘，從曼谷到加爾各答大約2小時30分鐘，加爾各答到菩提伽耶搭火車約8小時，再搭30分鐘巴士。

世上沒有一個地方等不到黎明。
在這廣闊世界中的一角，迎接一天開始之際，我靜靜地回顧以往的自己，遙想自己的未來。

跟柬埔寨吳哥窟、印尼婆羅浮屠並列為世界三大佛教遺跡的緬甸蒲甘遺跡。

我第一次看到照片就深受衝擊，決定隻身前往這歷史悠久的聖地。

許多觀光客為了欣賞日出日落，都集中在特定佛塔，不過我想要在安靜一點的地方慢慢欣賞朝陽，所以請成為好友的當地人告訴我私房景點，決定到那裡去迎接晨光。

隔天早上，天還沒亮我就起床。騎著自行車自己摸索，總算抵達目的地。
周圍的空氣還昏暗不明，我爬上佛塔，等待日出。
太陽終於從大地探出頭來。四周也漸漸泛起微光，蒲甘遺跡群在朝陽的映照下，也嫣然展現美麗的身影。遠方的天空漸漸浮現紅橙橙的太陽和氣球，眼前是一片無法以言語形容的夢幻光景。

世上沒有一個地方等不到黎明。

而太陽的表情又會因為每一片土地周邊的環境而呈現不同面貌。

在各種土地上一視同仁反覆出現的日出光景。

這遼闊世界中的一角，我在蒲甘這片廣大土地上，靜靜回顧以往的自己，同時也無比雀躍地遙想自己的未來，兩種心情在此交會。這一天，我一輩子也忘不掉。

VALUE

SPECIAL

DAY

COOL

👑**PROFILE**

姓名：**鹽川繪理奈**　　年齡：23歲　　職業：學生

✎**ABOUT**

國名・地區：緬甸・蒲甘

一天的路線：起床，騎自行車前往無名佛塔→欣賞朝陽→早餐→參觀各種寶塔、佛塔。→在伊洛瓦底江附近散步

旅行種類：一個人旅行

✈**ACCESS**

從日本至泰國曼谷轉機，抵達緬甸的仰光。從日本到曼谷約6小時30分鐘，從曼谷到仰光約1小時30分鐘。

在孤高的天空之城許下的重要約定。
他突來的求婚，帶給我決定從此共度人生的畢生難忘回憶。

夢想的國度，南美祕魯。

數度轉機後抵達庫斯科，再走陸路前往歐南塔雅坦坡。

從這裡繼續搭電車往馬丘比丘村。

從電車望出去的景色，是貨真價實的巨雷山（譯註：Big Thunder Mountain 迪士尼樂園中的雲霄飛車型遊樂設施之一，以1880年代淘金熱過後的廢棄礦山為設計原型。）！

雖然害怕高山病發作，提醒自己要老實一點，但是第一次看到這樣的景色，我們實在忍不住亢奮的心情。

之後，我們搭乘巴士抵達了馬丘比丘遺跡。

這一天，我們探索遺跡，一邊朝瓦納比丘（Wayna Picchu）的山頂前進。

走在不成道路的路上，最後抵達的地點，眼下是馬丘比丘遺跡，放眼望去是安地斯山脈！絕佳的山頂風景。

許多不同國籍的人坐在岩石上，臉上露出愉悅的笑容。

幸福的空氣在此流動。

由於想看看沒有人的馬丘比丘清晨，這天我們住在鄰近的飯店，悠閒地過了一晚。

　　隔天早晨，出現在我們眼前的是罩了一層霧、宛如幻境的馬丘比丘。

　　我們挑了一個喜歡的位置，眺望遺跡，心馳神往，天南地北閒話。

　　過了不久，太陽從包圍著馬丘比丘的山巒間露臉。

　　陽光傾瀉，溫暖的空氣包圍著我們，就在這時候……。

他突然對我求婚。

　　相識二十多年的他，是我青梅竹馬的玩伴、最好的死黨、心靈伴侶。

　　對我來說，他是可以讓我放心做我自己、無可取代的存在。

　　我決定要跟他共度往後的人生。

**　　溫暖守護的太陽是那麼美麗，我伸手舉向天空，說道：「這就是我的戒指！」**

　　在孤高的天空之城許下的重要約定。

　　這一天帶給我畢生難忘回憶，是我人生中最棒的一天。

♔PROFILE
姓名：**降矢夏海**　　年齡：29歲

✉ABOUT
國名・地區：祕魯・馬丘比丘
一天的路線：從歐南塔雅坦坡車站搭電車到馬丘比丘村→探索遺跡→登上瓦納比丘
　　　　　　山頂→住宿鄰近遺跡的飯店
旅行種類：與好友同遊（後來變成婚前旅行）

✈ACCESS
從日本至美國、祕魯的利馬轉機，抵達庫斯科。從庫斯科到馬丘比丘的陸路搭乘巴士及電車。從庫斯科到歐南塔雅坦坡搭乘巴士約2小時，從歐南塔雅坦坡到馬丘比丘最近車站搭電車約3小時。由此前往馬丘比丘搭巴士約30分鐘。去程合計飛行時間約18小時。

ORDER

DAY

thank you!!

迪士尼海洋算什麼！
在世界最老的咖啡館，感受能跟家人同遊的快樂。

我即將到海外赴任、弟弟要到縣外念大學……

「這一定是全家四個人最後的家族旅行了，就去你們想去的地方吧!!」在母親的建議下，我們姐弟想到的目的地是義大利的水都「威尼斯」。

從前往威尼斯的船上遠望威尼斯時，內心有著止不住的雀躍！

迪士尼海洋算什麼！

竟然有這種如夢似幻的場所，我無法掩飾自己的驚訝。

父親好像對船內交織的各種語言更有興趣。「全世界的人種都在這裡呢」，父親的結論讓我更加期待。

這裡不管對任何人來說，都是個充滿魅力的地方。

抵達本島後，我們抑制住想東逛西逛的心情，先前往飯店。

我們在一間溫馨可愛的飯店辦好了入住手續。

首先，想吃點披薩和麵食。

「剛剛那個人吃的披薩看起來好好吃喔！」我們相信母親的直覺，半信半疑地進了那間餐廳。

我們怯生生地吃了一口從沒見過的披薩……

那是在日本絕對品嘗不到的極品披薩啊！

吃完飯後，我們隨性鑽進小巷裡散步。

走過奇幻面具店和準備中的餐廳……終於來到我最想去的地方。

拿破崙盛讚為世界最美廣場的聖馬可廣場。

我們悠閒地在廣場上世界最古老的咖啡館聽著演奏。

在這間咖啡館裡，我們一家四口有好幾分鐘什麼話也沒說，各懷心思。

我突然心想：

無論如何，我們永遠是家人、永遠是親子。

可是孩子會自立，會開始走上自己的人生之旅。

而父母親歷經結婚、教養子女，正要展開第三段人生。

每個人都要走上嶄新的人生。

隨著太陽西下，廣場也展露出夜晚之美。

能夠全家在這裡迎接這個瞬間，真的太棒了。

♛PROFILE
姓名：**東麻里繪**　　年齡：22歲　　職業：日文老師（助手）

✍ABOUT
國名・地區：義大利・威尼斯

一天的路線：聖塔露西亞車站→搭船至本島→飯店→極品披薩餐廳→小巷散步→聖馬可廣場

旅行種類：家族旅行

✈ACCESS
從日本到義大利的羅馬轉機到威尼斯。日本到羅馬約13小時，羅馬到威尼斯約1小時。

拜訪消失的大帝國

一人獨占消失的西臺王國遺跡。
想像著遼闊草原前方的古老神殿,感受歷史之風吹拂的奢侈時間。

認識西臺王國這四個字,是多少年前呢?大概是國中的時候吧。

這裡是某部漫畫作品的舞台。

還記得當時我勤跑圖書館,遍讀關於西臺和埃及的相關書籍。可是,關於這個王國,卻沒有太多資訊。

在同時期與其勢均力敵的敵國埃及,卻有太多精采故事,名氣超高。

當時的大帝國首都哈圖沙,現在的城市名稱叫波阿茲卡萊(Boazkale)。

從安卡拉一路換乘巴士和小巴終於來到波阿茲卡萊。

這裡雖然是世界遺產,但是交通不便,還很少有人造訪,觀光客只有我和另一輛遊覽巴士。

團體遊客很快就離開了,接下來便由我一人獨占遺跡!

我看著眼前雄偉的景色,想像以往應該在此佇立的神殿和大門,一個人出神地感受著風的吹拂,度過一段時間。

遺跡後方有斷崖絕壁，據說從前的大帝國就是因為有了這道自然防禦，才得以不受外敵侵擾。

現在這處遺跡只剩下草原和遺留的土台，但卻是我一直嚮往的地方。

能夠一個人慢慢盡情品味，實在是無比奢侈的時間。

👑PROFILE

姓名：**淺見真紀**　　年齡：29歲　　職業：藥劑師

✍ABOUT

國名・地區：土耳其・波阿茲卡萊

一天的路線：安卡拉→松古爾盧→波阿茲卡萊→哈圖沙遺跡

旅行種類：世界一周一個人旅行

✈ACCESS

從日本到土耳其的伊斯坦堡轉機，來到安卡拉。從日本到伊斯坦堡約12小時，從伊斯坦堡到安卡拉約1小時，安卡拉到波阿茲卡萊的陸路行程搭乘巴士約3小時。

012

義大利・拿坡里

在披薩發祥地「拿坡里」的短暫一天

「朝見拿坡里，夕死可矣！」
看到這句話的瞬間，就定下了這次旅程。

正在調查旅行目的地義大利時，我的眼前看到了這句話。

「Vedi Napoli, e poi muori！（朝見拿坡里，夕死可矣！）」

看到這句話的瞬間，就決定了這趟旅程。

2012年4月23日，搭上InterCity火車（特急列車）的我心中充滿不安。火車票是我在日本從網路上預約的，但上面寫的都是義大利文，讓我很擔心。

我忐忑不安地將印出來的紙張交給車掌。

「Si（好）。」

車掌檢查完後滿臉笑容地還給我。

「Grazie（謝謝）。」

那是我身為丈夫表露男子氣概大加分的瞬間，可惜那時太太已經睡著了。

抵達拿坡里後，我們馬上前往港口。目標是聖塔露西亞港。

我太太唱著學生時學過的聖塔露西亞民謠，身邊的我也覺得心情愉快到了極點。

能夠在異國之地，牽著手一起走路真幸福。

天空烏雲密布，但是拿坡里的海非常美。遠方可以看見維蘇威火山，我們忍不住想像，那山腳下就是龐貝遺跡。附近的新堡正在舉辦結婚典禮。

　　旁邊是正在遠足的小學生。大家都得戴帽子，看來好像是世界共通的規矩啊。

　　「KONNICHIWA。」

　　小學生似乎也分辨得出誰是旅客。

　　拿坡里是知名的披薩發源地。到了人氣名店一看，隊伍大排長龍。

　　我們翻開會話本，想找適當的單字來預約，「你們是日本人嗎？」

　　沒想到今天竟然會第二次聽到日文？原來店員中有日本人。我們稍微聊了幾句，終於找到位子坐下。披薩上桌了。番茄醬上撒滿乳酪，還添上些許提味的羅勒。確實就是義大利國旗啊。用刀子切開，送到嘴邊，隨著Q軟的口感，美味在整張嘴裡擴散。實在太棒了。

　　我對拿水來的店員說。

「molt Buono！（非常好吃）」

　　我大膽地表達了自己的感覺，店員也回給我一個笑臉。

　　雖然日本也吃得到披薩，但拿坡里的披薩，卻有格外不同的滋味。

　　「Vedi Napoli, e poi muori！」真是一點也沒錯。

　　雖然短暫，

　　這卻是我最棒的一天。

♛PROFILE
　姓名：**長久人**　　年齡：**27歲**　　職業：**教師**

✍ABOUT
　國名‧地區：義大利‧拿坡里
　一天的路線：羅馬→InterCity（特急列車）到拿坡里→在聖塔露西亞港散步→參觀新
　　　　　　　堡，巧遇結婚典禮。→到市中心斯帕卡拿坡里的「Di Matteo」，當地
　　　　　　　拿坡里人最愛的披薩店用餐。→搭乘InterCity到羅馬
　旅行種類：蜜月旅行

✈ACCESS
　從日本到義大利羅馬約13小時，從羅馬到拿坡里搭火車約2小時。

跟女兒一起看「月亮西沉」的吉普島

月亮一隱身，周圍一片漆黑。
接著便是令人顫慄的滿天星空……這是一種學到學
校裡無法傳授，只能從家人身上學到的感覺。

距離日本3500公里，位於密克羅尼西亞聯邦楚克州（Chuuk）特拉克（Truk）環礁內，直徑34公尺的小島，吉普島。這是我國中二年級和小學六年級的女兒們第一次出國旅行。

雖然地處終年夏日的南國，但卻罕見地沒有蚊子，我跟女兒們沒住在小屋裡，直接在室外過夜。電器使用發電機，從18：00開始一天只使用4小時，所以**22：00以後只能倚靠月光。**

半夜每醒來一次就會看到月亮逐漸往西方的水平線下沉。

我喚醒女兒們，一起欣賞「月落」。

月亮一隱身，周圍一片漆黑。接著便是令人顫慄的滿天星空……

在簡單的生活中，自己身體裡野生部分覺醒，動物的直覺彷彿更加敏感清晰。真正重要的是什麼？真正需要的是什麼？……我想女兒們應該學到許多學校沒有教的真實感受。

而我最高興的是，一直很怕海的二女兒這麼對我説 。

「把拔，我開始喜歡海了。」

在這個什麼都沒有的地方，我們享受著生活的不便度過的島上時光，成為家人的珍貴寶物。

👑**PROFILE**

姓名：**中村伸一（中村隊長）**　　年齡：50歲　　職業：旅行業&飲食業

職稱：「地球探險隊」中村隊長　官方部落格 http://ameblo.jp/expl

✍**ABOUT**

國名・地區：密克羅尼西亞聯邦・楚克州吉普島

一天的路線：清晨→浮潛（自由選購）→砂洲小島（自由選購行程）→觀賞雙虹、
　　　　　　夕陽、星空、月落。

旅行種類：家族旅行

✈**ACCESS**

從日本到關島轉機，前往密克羅尼西亞的楚克。從日本到關島約3小時，從關島到
楚克約1小時40分鐘。距離機場所在的維諾島（Weno）開車約40分鐘＋搭船約40
分鐘。

靠自己的腳走，才能擁有的際遇！
艾格峰北壁的壯麗景色帶給我勇氣的健走之旅。

天氣預報失準。外面是澄澈的藍天——

融雪之後，健走路徑剛開放的五月，我用這趟一個人的瑞士之旅，替留學生活畫下最後的句點。

被牛鈴哐啷哐啷的聲響叫醒，打開窗，眼前聳立著光芒耀眼的艾格峰北壁。一邊眺望著阿爾卑斯山一邊吃早餐，穿上運動鞋、背上後背包，準備出發！

這趟為期五天的貧窮之旅，能依靠的只有這雙健壯的腳。雖然也可以選擇電車，但是我只是埋頭前進，一心一意地走上阿爾卑斯山的健走路。

一開始選的路徑因為才剛開放，所以人很少。路上都是沙，只能容兩人側身通過，相當狹窄。我在路上遇到一隻大型犬，看來好像是山中小屋養的狗。牠一直跟著我，我停牠也跟著停，我走牠也跟著走。途中甚至有擦身而過的人問：「是你的狗嗎？」最後，牠一路跟著我回到街上。這一路相當平緩、景色

優美，但是現在回想起來，旁邊陡急的斜坡只要稍有一步差錯，很有可能受傷。後來我聽說，那條路是連當地人都很少挑戰的危險路徑。那隻狗一定是擔心我能不能順利回到街上，才一路保護著我。不知到地現在是不是還一樣健康平安？

　　另一天，我走在曾經是電影拍攝題材的艾格峰北壁山麓。搭電車只要一會兒就能抵達，不過我選擇走路。我一人獨占這沒有其他人在的大自然！

　　那是我第一次望著自然，沒來由地流下眼淚。

　　「結束短短一年的留學生活，再過不久就要回日本了。今後不知道會面臨什麼樣的變化，但是不管再苦、再艱難，我都一定可以克服！」唯有用自己的雙腳行走才能遇到的景色，讓我有了這樣的想法。回國後過了一年多。每當沮喪失意，我就會想起那座山，以及從它身上所獲得的莫名自信。不要緊，我一定能闖過難關的。

♛**PROFILE**
　姓名：**小野亞季子**　　年齡：22歲　　職業：學生

✉**ABOUT**
　國名‧地區：瑞士‧格林德瓦
　一天的路線：格林德瓦青年旅館→附近的健走路徑，不斷行走。
　旅行種類：一個人旅行

✈**ACCESS**
　從日本到瑞士的蘇黎世約12小時30分鐘。從蘇黎世到因特拉肯（Interlaken）搭火車約2小時30分鐘，由此到格林德瓦搭車約30分鐘。

BACK

THANKS

SEARCH

現在，我確確實實站在那個地方！
夢中看過的梯田風景，引領我來到中國。

來不及搭上從四川省成都回日本的班機，我擅自解釋為「是中國要留我下來」，於是前往雲南省的元陽。因為我很好奇，為什麼從雲南北上的旅人異口同聲地說：「元陽真是個好地方。」

我包下一天的計程車，決定來場梯田巡禮。

早上五點從住宿處出發，前往可以欣賞旭日東升絕景的地點，多依樹。

為了隔年插秧而蓄滿的水面顯得冰涼清冷，水面漸漸發光、染成橙紅色的樣子，讓我出神屏息。

等到太陽完全升上天空後，還沉浸在餘韻好一陣子。

接著前往現達，那裡是一片無限延伸、不見邊際的廣大梯田。

一階一階就像等高線一樣。

那裡只有司機和我兩個人。沒有任何人來打擾，我慢慢眺望著這壯大震撼

的景色，感受著人在其中的作為。

那時我突然想起，有一天晚上我曾經作過一場夢，夢中出現了以前曾在電視裡看過的梯田風景。

原本已經忘記，但是因為那場夢，讓我選擇了中國作為旅行的候選地點。

而現在我確確實實站在那個地方！

發現這個事實的那一瞬間，渾身唰地爬滿了雞皮疙瘩。

接著，我轉向靜靜站在我身後的司機，嘆息般地說道：「真的太神奇了。」

司機（其實住在這個地方的所有人都一樣）不懂英文，也不懂日文。

我也不會說中文，就算寫漢字，對方多半都會露出不太了解的表情。所以從我知道語言不通的那個瞬間起，就乾脆放棄，索性用日文跟對方說話。

但很不可思議的，我們在一起的時間裡，就算語言不通，大概都可以了解對方想說什麼。

我的感動他一定也能了解。

之後，司機請我吃了麵條，我們到市集散步、在梯田風景中兜風後，才回到旅宿。

我在旅宿附近的小餐館吃著最愛的番茄炒蛋，一邊心想：

**等到這裡變成黃金色的季節，
再來一次吧。**

♛**PROFILE**

姓名：**杉山夏美**　　年齡：30歲　　職業：上班族

✍**ABOUT**

國名‧地區：中國‧雲南省

一天的路線：包下計程車，早上五點從住處出發→到多依樹欣賞朝陽下的梯田→前往可以遍覽廣大梯田的現達→途中吃午餐（雲南米線）→逛哈尼族聚集的老孟市集→邊兜風邊回旅宿

旅行種類：一個人旅行

✈**ACCESS**

從日本經中國北京轉機到昆明。從日本到北京約4小時，從北京到昆明約3小時30分鐘，昆明到元陽搭乘長距離巴士約6小時。

大河也結凍的西伯利亞冬天，
遇見一萬年前的人們筆下的藝術「岩畫」。

離開日本後，過了幾個小時，眼前是一片廣袤森林。不同於即將迎接春天的日本，西伯利亞還是一片白雪皚皚。確實讓人有朝著北方大地前進的感覺。抵達海參崴，一下飛機，身體就被冰冷的空氣包圍。眼前是白樺森林，往上仰望是大片清澈的天空，我這才感覺到，真的來到西伯利亞了。

「住在這裡的人到底過著什麼樣的生活？我會有什麼樣的體驗？」胸中懷著無數期待，展開了這次的旅行。

這次我參加了某項計畫，來到西伯利亞，那就是採集「岩畫」的拓本。「岩畫」是指雕刻在岩石上的繪畫，在**西伯利亞有許多一萬年前的人們所留下的岩畫。**

此行的目的是運用日本的傳統技術「拓本」技法，收集複本。

我們搭乘巴士前往現場，之後在森林中走了一個小時左右。森林裡很明亮，在白雪覆蓋下晶晶亮亮，非常美麗。一穿過森林，就是一片無邊的雪原。

沒想到那竟是結凍的河川，讓我嚇了一大跳。

西伯利亞的冬天連大河都會結凍真是意想不到啊。

終於來到岩畫面前，一想到這是刻劃了萬年歲月的藝術，身體就不由得顫抖。這次所採集到的拓本，有一部分將捐贈給西伯利亞的博物館。太古的人們所描繪的岩畫，我們以拓本的形態保留下來，傳承給未來的人們。這種超越時光的機緣除了讓人覺得浪漫，更讓我能有所貢獻覺得開心。這是連接了過去、現在、未來最棒的一天。

♛PROFILE
姓名：秋山潤　　年齡：23歲　　職業：大學生

✉ABOUT
國名‧地區：俄羅斯‧西伯利亞
一天的路線：哈巴羅夫斯克（Khabarovsk）→搭巴士前往薩卡齊阿梁村→徒步前往
　　　　　　黑龍江，進行一整天的岩畫拓本工作。→回到住處，大家一起舉杯！
旅行種類：調查活動

✈ACCESS
從日本到俄羅斯的哈巴羅夫斯克約2小時30分鐘。從哈巴羅夫斯克到薩卡齊阿梁村走
陸路約1小時。

在藍天下，《紅髮安妮》的世界裡，眼前一片黃色的油菜花田。在輕柔花香包圍下，我眺望著美麗島上的七彩模樣。

愛德華王子島，光是聽到這個名字心頭就湧現一陣溫暖懷念的，一定不只我一個人。**這就是《紅髮安妮》的舞台，位於加拿大東部的小島。**

一到島上，我首先前往的是島上名產，龍蝦的專賣店。有生以來，我還是第一次看到、吃到這麼大的龍蝦。我跟先生兩個人吃著吃著，嘴裡只能說出感動。

餐後，我們驅車走在兩旁盡是青綠草原的紅土筆直道路上。

初夏涼爽的風吹來相當舒適。

下個目的地是島上的知名觀光景點「紅髮安妮之家」。這個忠實重現故事世界的房子雖然也很有意思，但是深深抓住我的心的，是途中經過的油菜花田。

在藍天之下，眼前展開一片黃色的油菜花田。後方是美麗的湖水，湖畔散見著小小的可愛房屋。我楞了一陣子。

不管是拍成照片、畫在畫中，**都無法把那種被輕柔花香包圍眺望的感覺**化為形體留下來。

接著我們前往市中心，慢慢散步度過了白晝時間漫長的島上黃昏時分。少年們在強烈的夕照下玩水。就連熱鬧的市中心，也流動著與都會喧囂截然不同的平靜時間。

晚餐之後，前往為了這一天特地大手筆預約的五星級旅宿。在這間保留著古典氣氛、經過改裝的房間裡，擺設了許多古董家具，可愛得就像「紅髮安妮」故事的實景一樣。

房間裡被暖爐的火映得又紅又熱，我安靜地迎接自己滿三十歲的瞬間 。

一想到那一天，我的心裡總是湧上一股暖意。

躺在沙漠上仰望滿天星空。
刺眼的朝陽照進靜寂的世界中。
「啊，地球正在轉動呢。」

「我想去沙漠！」

不知道為什麼，我從以前就深受沙漠吸引。

跟深愛旅行的他結婚後，請了三個星期的假去蜜月旅行。

當然，我的目標是有撒哈拉沙漠的摩洛哥！

5：00PM。

「太陽西沉的時候，駱駝會到飯店前迎接您。」我們依言等待，果真有兩隻駱駝前來。

牠們的名字竟然是「**鮑伯·馬利**（譯註：Bob Marley，牙買加創作歌手，雷鬼樂鼻祖。）」和「**吉米·罕醉克斯**（譯註：James Marshall Hendrix，著名的美國音樂人兼創作歌手，被公認為是流行音樂史中最重要的電吉他演奏者。）」。

騎上這兩隻時髦的駱駝，晃呀晃地，晃到今天晚上住宿的帳篷。

沙漠的沙會絆住腳步，行動自然而然會變慢。

駱駝和牽駱駝的大叔，都是一臉悠閒。

太陽西沉的時候，我們抵達了帳篷。

晚餐是在帳篷外吃的塔吉鍋，味道別有一番滋味！

「你們真幸運呢！今天沒有風，可以睡在外面喔。」

牽駱駝的大叔笑咪咪地開口相邀，於是我們決定在帳篷外睡。

一抬頭，是滿天的星空!!
我從沒看過這麼多的星星。

躺在地上，看著全黑的夜空和閃耀的星斗，**心情簡直像在宇宙中游泳一樣。**

我和他兩個人，一邊感受著宇宙，一邊靜靜聊著：「今後要度過什麼樣的人生？到死之前想要做些什麼？」

我們打著盹，突然睜開眼睛，月亮好像比剛才又多走了幾步。

啊，地球在轉動。

心中想著這些事，在星空中入眠。

5：00AM。破曉前。

赤腳感受著沙漠細緻的沙粒，跟他兩人一起散步。

沙漠裡的聲音很安靜。
是不是因為沙會吸收聲音呢？

不管再怎麼走，眼前都只有沙。

光線照在沙漠正中央，朝陽升起。

眺望著刺眼的朝陽，兩人靜靜地走著。

那一天，絕對是我人生中最棒的一天。

👑**PROFILE**

姓名：**響&賢一朗**　　年齡：29歲　　職業：上班族

✍**ABOUT**

國名・地區：摩洛哥・撒哈拉沙漠

一天的路線：從梅如卡（Merzouga）的飯店搭駱駝移動→在撒哈拉沙漠的帳篷過一夜

旅行種類：蜜月旅行

✈**ACCESS**

從日本到法國巴黎轉機，抵達摩洛哥的達爾貝達（Dar el Beida）。從日本到巴黎約14小時30分鐘，從巴黎抵達達爾貝達約3小時，從達爾貝達到梅如卡走陸路約半天。

從日出到日落……
感動於不斷變幻表情的拜倫灣大海。

在拜倫灣住了四個月。

一想到快要離開這個城市，就忍不住想看看沒有雲遮蔽的日出。

天還沒亮就走向目的地，途中忍不住覺得雀躍，腳步愈來愈輕盈。

「還不到五點呢。」一想到這裡，就覺得心情很暢快。

雖然還有點雲，但卻是目前為止看得最清楚的一次，我跟朋友都覺得很感動。

跟平常一樣到學校上課之後，我們在城裡散步、拍照。

一看到我拿起鮮紅色單眼相機，拜倫的人們就會笑著說「Hi！」一邊感受著他們的隨和，信步走到海邊。

從學校到海灘徒步五分鐘，下課後的小探險，像這樣拿起相機走就覺得跟平常不太一樣。

曾經和朋友一起探索無數次的這個城市。

有許多人由此展開旅行的這個地方。

一人走著的時候，寂寞、不安、期待和喜悅，交織著不可思議的情感。

這種心情無論英文或日文都無法好好表現。

在海灘和朋友們見面、聊天，一起看日落。

雖然看過許多次日出，日落卻是第一次。

大海的表情瞬息萬變令人印象深刻，十分夢幻的情境。

拜倫灣的海真的好美，不管看幾次都令人感動。

我最喜歡從主海灘遠遠望去的燈塔，拍過無數張照片，那時我也確認了燈塔的位置，按下快門。

從太陽升起，開始欣賞著拜倫灣的街景，一直到海灘日落結束的這一天，是這四個月中印象最深刻的一天。

這充實的一天，彷彿總結了我在這裡的生活。

👑**PROFILE**

姓名：田代美步　　年齡：23歲　　職業：飛特族

🖋**ABOUT**

國名‧地區：澳洲‧拜倫灣

一天的路線：早上四點從家裡出發，走到燈塔看日出。→到學校上課→傍晚走在街上欣賞拜倫灣 →到主海灘跟朋友會合，一邊聊天一邊看日落。

旅行種類：打工度假

✈**ACCESS**

從日本到澳洲的黃金海岸約9小時，從黃金海岸到拜倫灣搭巴士約3小時。

「來到這個地方，才第一次感覺自己能活著，幾乎是個奇蹟。」
在人類的負遺產面前，我認真地面對生命。

辭掉工作，我一個人到歐洲搭鐵路旅行。

德國是我習慣旅行後的第六個國家。坐在火車上，想著許多平常不會思考的事。核災、戰爭、歷史……有一個地方是我到了德國後務必要親眼一見的地方。那就是人類的負遺產「猶太人強制收容所」。

柏林第一天，吃完午餐，我馬上前往薩克森豪森集中營。

從柏林中央車站到近郊電車最後一站，再從那裡徒步二十分鐘。這是個連「漫步地球的方法」地圖上也沒有記載的地方。

這到底是個什麼樣的地方呢……一定還留著殘酷的光景，讓人忍不住想搗住眼睛吧。我邊走邊想著這些事。可是出乎預料的，這棟建築物的外觀非常德國風、現代，幾乎讓人誤以為是美術館，大出我所料。

我馬上打算買入場券入內，走到櫃檯小姐面前。她回答我「No Charge」。

德國承認自己犯的過錯，想要流傳後世，讓我相當佩服。我發自內心認為，日本也應該好好學習。收容所占地非常廣大，好像有各種國籍的人在此。當時收容者的臥室、浴室、勞動所等等，都原封不動地保留著。

到底有多少無辜的生命在這座圍牆中喪生呢？

物換星移，現在我一個日本人站在這裡。

很不可思議地，到這裡來之後我才第一次發現，自己能活著簡直接近奇蹟。

我所介紹的旅行，或許不太符合「生命中最有梗的一天」這個主題。當然，在這趟歐洲旅行中，也曾跟新朋友一起喝酒、參觀知名的觀光地，有許多愉快的事。可是每個人對「最有梗」的定義都不一樣。

那一天，是讓我認真面對生命，難忘的一天。

♔PROFILE
姓名‧林耀　　年齡：22歲　　職業：研究員

✎ABOUT
國名‧地區：德國‧柏林

一天的路線：在咖啡館吃早餐→前往亞歷山大廣場（Alexanderplatz）（參觀世界時鐘）→柏林圍牆博物館（Mauermuseum）→查理檢查哨（Checkpoint Charlie）→午餐→薩克森豪森集中營→在青年旅社附近的路邊披薩站吃披薩→回到青年旅社

旅行種類：一個人旅行

✈ACCESS
從日本到德國的法蘭克福轉機，抵達柏林。從日本到法蘭克福約12小時30分鐘，從法蘭克福到柏林約1小時。

霧中氤氳的小島景色。不過，這樣就夠了。能來到這裡，我已經很滿足了。

從都柏林到戈爾韋（Galway），接著搭船到阿倫群島……

那天早上天氣很糟，看來似乎隨時會下雨。

戰戰兢兢坐在搖晃的船中，抵達了島上。踩著暈船後不穩的腳步，心想「好了，接下來該怎麼到敦安古斯城堡（Dun Aengus）去呢？」這時駕馬車的大叔正上前來拉客。

天又下起了雨，「反正也是一種經驗」，我索性上了馬車 。

馬車穿過荒涼的道路往前跑著。

大叔告訴我：「如果放晴的話可以隔海看到愛爾蘭本島呢。」途中在一間咖啡館稍事休息。店裡雪白的貓毛有點硬，讓我想起這個島的特產品「漁夫毛衣」的觸感 。

接下來我步行前往目的地。

在這什麼都沒有，淒清但卻美麗的景色中，我淋著雨往前行。

走了30分鐘左右，終於到了敦安古斯城堡。

那裡是一道絕壁斷崖，狂風肆意吹來。沒有任何防護柵欄，正下方就是海。

我就是為了看這裡望出去的景色，才到這裡來的。

但是天候不佳，大霧氤氳，我什麼也看不見。

「真是的……」雖然好像應該這麼說，不過這樣就好。
只要能來這裡，我就很滿足了。

接著我走回馬車。

等在那裡的大叔，開心地說起這個島和自己的馬。

這時我發現**比起這個島的孤寂和莊嚴，我感受到更多的美麗和堅強，而這都是歷史和住在這裡的人們所編織出來的。**

回程的船上，我望著翻湧的大海，心想：「總有一天再來就行了。」

然後我開始想，對於推薦我到這裡來的珍貴好友，「該跟他聊些什麼」。

光是這樣的心情，就讓這一天成為特別的日子。

♔PROFILE
姓名：西村麻埋子　　年齡：27歲　　職業：上班族

✍ABOUT
國名・地區：愛爾蘭・戈爾韋・阿倫群島（伊尼什莫爾島（Inishmore））

一天的路線：戈爾韋→到羅莎維爾（Rossaveal）→阿倫群島（伊尼什莫爾島）→
　　　　　　羅莎維爾→戈爾韋

旅行種類：一個人旅行

✈ACCESS
從日本到英國倫敦轉機，抵達愛爾蘭的都柏林。從日本到倫敦約12小時30分鐘，從倫敦到都柏林約1小時20分鐘，都柏林到戈爾韋搭乘巴士約3小時，戈爾韋到伊尼什莫爾島搭渡船約40分鐘。

「如此遙遠國家的人，
竟然會對素昧平生的日本人這麼熱情。」
在雪梨感受到的溫暖人情。

雪梨的市中心街，市政廳。

那是我人生中第一次出國，在短期留學中的某一天。2011年3月11日。東日本大地震的新聞撼動了整個澳洲。一個女孩孤零零留在屋頂上的照片，成為報紙頭條，一打開電視，全都是「Japan, Japan」。

我承受不了這種狀況，開始跟在當地認識的日本人一起組織了志工活動。剛開始只是派發寫有紅十字網站的傳單，當時一位經過的女性相當激動地上前來詢問：「我想捐錢，請問該到哪裡去捐？」好多人都非常熱心積極。

「相隔這麼遙遠國家的人們，竟然會對素昧平生的日本人如此熱情。」 我心裡百感交集，忍不住痛哭失聲。

那位女性走到我身邊，溫柔地抱著我。

不僅如此。就在我們正在開會討論「今天就此解散吧」時，一位老爺爺蹣跚地走近我們，「不好意思，請給我傳單」，給了他一張後，他說「再多一

些」，沒想到他竟然開始代替我們發起傳單。

之後，我們舉辦了寫訊息給受災者的慈善活動。我們在丟訊息卡的箱子旁邊放了捐款箱，讓想捐款的人可以捐款。畢竟這裡人潮不算多，在這麼不景氣的狀況下，又是一個無名團體舉辦的活動……考量到這些問題，我們將目標設定為5萬日圓，活動僅限一天。

沒想到停留的人遠比預期的多，大家都溫柔地安慰我們。結果我們募集到目標的約三倍，15萬日圓。我心想**「奇蹟發生了」**。

這一天讓我接觸到平時感受不到的溫暖人情，發現「人活在世上，重要的不就是這些事嗎」？這是我人生中最棒的一天。

「我們都是朋友。」

路人們的這句話，讓我永遠忘不掉。

👑**PROFILE**
姓名：**正木久美子**　年齡：22歲　職業：大學生

✒**ABOUT**
國名・地區：澳洲・雪梨
一天的路線：一直在雪梨（市政廳車站）
旅行種類：留學

✈**ACCESS**
從日本到澳洲的雪梨約9小時45分鐘。

沒有其他人的兩人世界，
遇見壯麗的極光天體秀。

從日本搭飛機、夜行列車、長程巴士，總共52小時的顛簸，終於抵達了芬蘭的薩尼色爾卡。終於能和心愛的他一起實現**「死前看一次極光」**的夢想，我的興奮難以言喻。

薩尼色爾卡的第二天早晨，一睜開眼，看不見他的身影。在房間遍尋一陣，發現他正在廁所洗內衣……他在來程途中突然拉肚子，吃了胃腸藥也不見起色，一天天地愈來愈憔悴。上網查了之後，知道有所謂「旅人腹瀉」的症狀，原因在於為了避免脫水症狀，只喝硬水的關係。知道原因之後將飲料改為運動飲料，因為拉肚子之前幾乎無法好好睡覺，所以那天他睡了一整天，安靜休養。

晚上他醒了，「身體狀況好多了」於是聽從肚子餓的我的期望，去吃了馴鹿漢堡（有野獸的味道），又到超市買了飲料回去。回程路上不經意地抬頭看天空，突然看見極光清晰地出現。我們急忙趕回小木屋，做好能忍受零下二十

度的防寒準備，趕到偏僻處。途中出現了強烈的極光。欣賞輕晃搖曳的極光展現的天體秀，考慮到他的身體還沒有完全復元，當天我們決定先回小木屋。看他的表情又恢復開朗，我真的很高興。

但是不只這樣。回小木屋的路上，空中又開始出現極光。這時我們已經回到市區，所以急忙趕回住宿小木屋的後方，希望找個暗一點的地方。

沒想到就在我們的正上方，出現了令人驚嘆的極光。

我們高興得說不出話來，像小孩子一樣尖叫跳躍、互相擁抱。

那個樹林也是個沒有其他觀測的人、專屬我們兩人的世界。

我們並非為了觀測而等到極光，就好像是和極光巧遇一樣。

腹瀉後的極光，真是最美好的幸福啊。

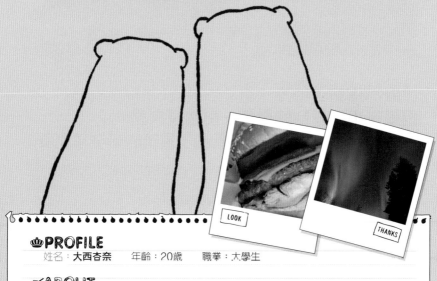

LOOK

THANKS

♕PROFILE
姓名：**大西杏奈**　　年齡：20歲　　職業：大學生

✍ABOUT
國名・地區：芬蘭・薩尼色爾卡

一天的路線：10點起床，躺在小木屋的床上。→在廁所發現他→利用飯店的電腦搜尋，知道有所謂的「旅人腹瀉」。→到超市買運動飲料→回床上睡覺→20點左右，到街上的漢堡店買馴鹿漢堡。→到超市買運動飲料→巧遇極光

旅行種類：和戀人一起旅行

✈ACCESS
從日本到芬蘭的赫爾辛基轉機，前往伊瓦洛（Ivalo）。從日本到赫爾辛基約10小時30分鐘，從赫爾辛基到伊瓦洛約1小時40分，伊瓦洛到薩尼色爾卡搭巴士約30分鐘。

「雖然找錯了地方，
但是在那裡看到的景色一點也沒有錯。」
十六歲的夏天，我在沖繩看到了最美的天空和大海。

十六歲。夏天。抵達島的中心那個瞬間，耳機從我的耳朵跳了出來。

自己想像中的「沖繩」，就在我眼前。

白色的沙石小道，高聳石壁、低矮屋簷的民宅，還有紅色屋頂和兩尊風獅爺。這才是海島！這才是我夢寐以求的海島之旅!! 我頓時high到了極點。

太陽灑下的光線，不是靜岡的陽光可以比擬的。我喝下可樂滋潤乾渴的喉嚨後，繼續往前走。當時的可樂格外好喝。

抵達海灘時，太陽的炙熱光線已經稍微收斂，不過卻開始發射刺眼的紅色光芒。東邊天空還留著藍色，和紅色光芒之間，擴散著一片紫色漸層。

紫色漸層逐漸深濃，化為夜空。海上有條大河橫跨，那條大河就是銀河。

在東京市中心七月抬頭看天空，也往往是灰沉沉一片，才看不見什麼銀河。但眼前這條真的是大河。不是小溪、是大河。星星的光線有的強烈、有的

溫柔,無邊延續下去。稍下方有一輪白色月亮,月光隨著波浪搖曳,就像一道橋一樣,往這邊延伸。

白天的島、傍晚的島、晚上的島,都是那麼鮮艷精采。
但是最棒的還是清晨的島。

為了看日出,我早起來到海岸邊,天色已經泛白。

可是再怎麼找都看不見太陽。

那也難怪,因為我所在的是前一天晚上欣賞夕陽的西方天空。

真蠢。不管夕陽再怎麼美,在同一個地方都是看不到日出的啊。

但是,眼前的景色,卻讓我覺得自己的選擇並沒有錯。就在太陽開始上升、過了一陣子時,海面呈現令人讚嘆的美景。日光照射的天空,和高聳的積雨雲,反射在澄澈的海面上。

雖然找錯了地方。但是在這裡看到的景色,卻一點也沒有錯。

當我煩惱未來的選擇時,想起了那個景色。

我不知道之後要走的路到底是不是正確答案。

但是,那年夏天的一個人旅行讓我知道,**「在那裡看到的景色,絕對是最正確的答案。」**

best moment

♛PROFILE
姓名:**高田將吾**　　年齡:19歲　　職業:學生　　HP:http://design-trip.net

✍ABOUT
國名·地區:沖繩·竹富島
一天的路線:石垣島→竹富島
旅行種類:一個人旅行

✈ACCESS
搭乘日本國內班機到那霸轉機,或者搭乘直飛石垣島班機。從石垣島到竹富島搭船約10分鐘。

SPECIAL

01

02

03

滲透心靈和身體、酷暑中的香甜奶茶和爺爺的笑臉。

第一次的個人背包旅行。

從中國喀什市搭巴士兩天一夜、越過紅其拉甫山口（Khunjerab），目標是巴基斯坦。

標高4800公尺，有生以來最高的高度，可能是之前一個月的旅行疲憊累積，或者是得了輕微的高山病，難以說明的不舒服和無法控制的情緒讓我很難受，什麼東西都沒入口，下午終於到了巴基斯坦的第一個城市蘇士特。

我根本沒有精力思考今後的計畫或今晚的住處，下了巴士之後只是呆站著，這時一位巴基斯坦先生對我搭話。酷熱的天氣中，他露出絲毫不輸給陽光的燦爛笑容，遞給我一杯奶茶。

平常在日本很少喝甜的飲料，但那時候我因為空腹和極度疲累，毫不猶豫地接下奶茶一口氣喝乾。

溫暖又香甜的奶茶。

溫柔滲進我空空的胃裡，甚至滲入我因炎熱、空腹和身體狀況不佳而虛弱的內心。

酷暑的日子裡，那香甜無比的奶茶，還有爺爺的笑臉。
八年後，依然鮮明地烙印在我心上。

或許，我就是因為想再遇見那種笑臉，才不斷繼續旅行的吧。

♛PROFILE
姓名：**前田麻琴**　　年齡：36歲　　職業：粉領族
部落格：http://ameblo.jp/usagimame/

✍ABOUT
國名‧地區：巴基斯坦‧蘇士特
一天的路線：中國‧塔什庫爾干→紅其拉甫山口（標高4800公尺）→中國和巴基斯坦國境→巴基斯坦‧蘇士特
旅行種類：一個人旅行

✈ACCESS
從日本到中國的北京、維吾爾自治區的烏魯木齊轉機，抵達喀什市。從日本到北京約4小時，從北京到烏魯木齊約4小時15分，從烏魯木齊到喀什市約1小時30分鐘。喀什市到蘇士特搭乘巴士，途中在塔什庫爾干住一晚。喀什市到塔什庫爾干約7小時，塔什庫爾干到蘇士特約8小時30分鐘。

「舞蹈或許可以帶來什麼改變。」
跳越語言和文化高牆的瞬間。

眼前看到的一切都是那麼新鮮。

走在露天市場中，齋戒月裡店家稀少冷清。

持槍徘徊的士兵，汽車引擎熄火引起大塞車。

——我在街上散步，接收著種種刺激。

看到太陽照耀下散發黃金色光輝的金字塔時，與其對照的陰暗老舊建築也同時映入眼簾。疲憊的瘦削老馬拖著馬車通過垃圾散亂的小巷，強烈的臭味讓人忍不住掩鼻。然後，許多人陸陸續續上前包圍住我。看到他們骯髒的打扮，我馬上知道他們的目標是錢。一開始我假裝沒看到，但看到他們實在太纏人，我開始發怒。和人的相遇是旅行最有趣的部分，但是我卻無法跟拚命乞討的他們心靈相通。

這時，有一群孩子純粹對我這個外國人感到好奇，向我靠近。可是，畢竟因為有語言的隔閡，始終無法打成一片。我們之間有的只是單純想互相連接的心意而已。

舞蹈説不定可以改變些什麼。

出現這個念頭的時候，我的身體已經動起來了。

我開始表演擅長的街舞時，他們臉上堆滿笑容。那是跳越了語言和文化高牆的瞬間。

「原來阿拉伯人這麼開朗啊。」

我成為他們笑臉的俘虜，不斷舞動著。那時候，我對於對回教徒抱持著危險、可怕等偏見的自己感到羞恥。同時我也知道，有些知識或資訊只有靠自己主動行動才能體驗得到 。

儘管貧窮也不失開朗的他們，透過舞蹈互相交流的那一個瞬間，現在即使閉上眼睛還能鮮明地回想起來。

「這些孩子生活在沒有工作機會的國家裡，希望能幫助他們建立一個將來有機會工作的環境。」

現在，我身為國家產業發展不可或缺的鋼鐵業技術人員，繼續追尋著提供發展中國家技術支援的夢想。

我的旅行，才剛剛開始 。

👑**PROFILE**
姓名：**松坂直樹**　　年齡：23歲　　職業：研究生

✍**ABOUT**
國名‧地區：埃及‧開羅
一天的路線：抵達機場→金字塔→回到開羅市區散步→住宿便宜旅店
旅行種類：學生一個人旅行

✈**ACCESS**
從日本到埃及的開羅約14小時，開羅機場到金字塔開車約1小時。

「雖然受了傷，但也建立了情誼。」
在西班牙的小祭典，發現旅行真正的美好。

西班牙的小鎮上，八月最後一個星期三舉行的**番茄節**，又叫做番茄大戰。

從前一天起，在當地相遇的日本人就聚集在一起，熱鬧雀躍地期待。

節日當天一到會場，直到開始之前都一直很興奮。

已經好久沒有像那樣瘋狂嘶吼了。

不管被淋了一頭西班牙水果酒，或者T恤被扯破，都無所謂。

我們盡情地大笑。

後來看了照片，我好驚訝自己竟然能有那麼開心的表情。

番茄大戰開始五分鐘前，因為太high，也不知為什麼突然被西班牙人拋向空中。

第三次被拋到空中後，我的頭直接落在地面上。

那一瞬我還搞不清楚發生了什麼事。

好不容易靠自己的力量爬起來，有兩個日本人正往我這裡跑過來。

其中一位是醫學院學生，除了正確的急救處置，她還不斷對我說著溫柔的鼓勵。

番茄節明明已經開始了。

比起自己的目的，她優先選擇了照顧剛見面的我，眼前的她好比天使一樣。

救護車抵達時，番茄節已經結束。這兩人一直到最後都始終陪著我，到馬德里後還幫我找住宿和餐廳，真的受了他們許多照顧。

旅行真好。可以遇見平常生活中無法認識的人。

雖然會受傷，但也能建立新的情誼。

跟傷口不同，一輩子都不會消失的情誼。

那是最棒的一天。

FINAL

HELP

COOL

RUSH

♛PROFILE
姓名：**岡村龍彌**　　年齡：26歲　　職業：系統工程師

✎ABOUT
國名·地區：西班牙·布尼奧爾
一天的路線：巴賽隆納→搭夜行巴士到布尼奧爾→番茄節→到馬德里
旅行種類：一個人旅行

✈ACCESS
從日本到法國巴黎轉機，前往西班牙的瓦倫西亞。從日本到巴黎約12小時30分鐘，巴黎到瓦倫西亞約2小時，瓦倫西亞到布尼奧爾搭電車約50分鐘。

「抬頭望去，就是艾菲爾鐵塔。」
在世界遺產中的籃球場不斷奔跑，最棒的兩小時。

我的旅行有一樣必需品。

這是旅遊書籍的準備清單中絕對不會寫的東西。

那就是籃球。

我帶著籃球環遊世界時，在巴黎度過的一天。

我們的旅行主題，就是**「跟當地人一起打籃球」**……

來到時尚花都巴黎，我們先找的不是咖啡館，而是籃球場。

這一天，我們已經在前一天的小鎮上，從當地年輕人口中探聽到一個球場。

前往球場的途中，我們順道經過凱旋門、艾菲爾鐵塔。

沒有其他人會在觀光景點拎著籃球拍照。

籃球褲看起來或許有點俗，但對我來說這卻是最時尚的打扮！

拍了紀念照後，馬上趕往球場！

我們在巴黎挑選的，是位於艾菲爾鐵塔腳下的運動中心。

沒錯，這是一座位於世界遺產中的籃球場。

進入運動中心後，每一面球場都正在比賽。那是海外常見的「鬥牛」（Pick up game）。

遊戲規則是跟其他人當場湊成五人一隊，獲勝的一方可以繼續打下去。

當然，我在當地沒有熟人，也不會說法文，而且我又是個來自異國的小個子亞洲人，讓我加入團隊可以說一點勝算都沒有吧。

就在這時候，一個黑人對我說。

「一起打吧！」
最棒的時間從此開始！

「一抬頭就是艾菲爾鐵塔」，我在這個能充分感受巴黎的球場度過兩個小時。

利用眼神接觸傳球，跟對方在碰撞之中一對一決勝負，進球後跟隊友擊掌!!

我在球場上不斷奔馳著。

回家時有人對我說：「明天來不來？」聽了真的好開心。

籃球有驚人的力量。即使不會說該國的語言也能靠這顆球了解對方的心情。透過對戰也能和對方心靈相通。

兩小時前還是陌生人，但一拿起籃球我們就是夥伴！

在世界遺產中的籃球。這是最棒的地點、最棒的時間。

♛PROFILE

姓名：**望月秀泰**　　年齡：29歲　　職業：籃球教練（秀泰）
部落格：「在全世界打籃球」http://ameblo.jp/b-nuts/

✒ABOUT

國名・地區：法國・巴黎
一天的路線：從飯店出發搭電車到凱旋門→走到下一站香榭麗舍大道→搭電車到艾
　　　　　　菲爾鐵塔→在鐵塔附近的籃球場打球
旅行種類：兩人旅行

✈ACCESS

從日本到法國的巴黎大約12小時30分鐘。

> 「鼓勵著自己疲憊步伐，一步接著一步地往前走。」
> 問候、走路。五感漸漸變得明晰、洗練，這是一趟
> 至高的巡禮體驗。

今天還要再走25公里嗎……

前往聖地牙哥德孔波斯特拉（Santiago De Compostela）的巡禮第三天。天還沒亮就開始準備。

把昨天買的生火腿和萵苣、我最愛的橄欖夾在麵包裡，和著果汁吞下。身體醒了，開始有精神了。把巡禮的證明「扇貝」掛在後背包，準備出發！

前方的人一個個消失在朝霧中。冒險開始了。

在陌生異國靠自己雙腳行走旅行。我的旅行大約一百多公里，但是也有人遠從一千公里以外的地方走來。

有精神飽滿的人、滿身瘡痍的人、**看似**仙人的人。

每天只是在西班牙的鄉間小道不斷走著，不過卻覺得很愉快。

走了一陣子，太陽升上來，開始能看見周圍的景色。

我用全身感受著破曉。

我從來沒走過那麼長的距離。

文明真是偉大，以前的人真強悍，我腦中盤旋著各種念頭，再次體會到，

人類真是了不起。

儘管是幾百公里這麼漫長的距離，只要每天一點一滴踏實地走，就能靠自己的力量抵達，覺得不方便，就發明了好比飛天魔毯的飛機。

人真是太了不起了。

腦中思索著這些事後，接著我開始思考人生。

今後應該怎麼度過接下來的人生呢？

在沒有任何阻礙當中，每天走路、思考，感覺被淬鍊得愈來愈清澈，許多東西都愈來愈清晰。真是一段非常珍貴的時間。

巡禮的一天當中，沒什麼特別事件，最低限度的東西都有了，我得以慢慢地面對自己的身體和心靈。

每次和夥伴擦身而過，就會露出笑臉互道「Buen Camino!（祝你巡禮順利）」彼此鼓勵。肚子餓了就找個景色漂亮的地方，吃便當填飽肚子。

我激勵著自己疲倦的雙腿，只是一步接著一步地往前走。

思考、問候、走路。

回到旅宿後沖澡、洗衣，重振精神。

在舒適的成就感和疲累包圍中，晚上和夥伴們一起聊著巡禮、故鄉，以及人生。

這是我最棒的一天。

♛PROFILE
姓名：**高原大輔**　　年齡：29歲　　職業：上班族
部落格：跑遍地球的方法「世界教室」http://guide.arukikata.co.jp/aroundtheworld/

✍ABOUT
國名·地區：西班牙·加利西亞（Galicia）
一天的路線：6：00AM起床、在巡禮住處吃三明治。→6：30ΛM在朝霧中出發
　　　　　　→7：30AM因日出而感動，不斷步行。→11：00AM在美麗的景色中
　　　　　　吃手工便當→3：00PM抵達巡禮住處，洗手、洗衣、沖澡，渾身清
　　　　　　爽。→在教會拿到巡禮證明書的印章→5：00PM在充滿歷史風情的街
　　　　　　上散步→6：30PM跟夥伴享用美味的食物、開心聊天。→9：00PM
　　　　　　就寢
旅行種類：環球旅行中的巡禮

✈ACCESS
從日本到法國巴黎、西班牙的馬德里轉機，抵達拉科魯尼亞（La Coruña）。從日
本到巴黎約12小時30分鐘，從巴黎到馬德里約2小時，馬德里到拉科魯尼亞約1小
時15分鐘。
＊拉科魯尼亞是加利西亞地方最大的城市。拉科魯尼亞到聖地牙哥德孔波斯特拉搭
巴士約1小時30分鐘。

宛如生活般的旅行～墨爾本最棒的日常～

在被稱為「最適合生活」的都市，接觸到平凡日常的奢侈。

被譽為「世界上最適合生活的都市」墨爾本。

除了據說是《魔女宅急便》靈感來源、令人印象深刻的鐘塔以外，這個港都還有許多歐洲風格的歷史建築。

陰晴不定的天候，突然下雨也是常見的事。

為了避雨躲進的小巷裡，有許多隨意擺放的彩色瓶裝和罐子，看上去就甜膩到不行的香蕉焦糖馬芬蛋糕和餅乾，掛著復古風情的「TAKEAWAY」招牌、引人注意的小店，散發著多元氣息的咖啡館街和文化在此共存。

連導遊書上也無法介紹完整的咖啡廳天堂，簡直不知道選擇哪間店。融入這個非日常空間醞釀出的獨特社區，隨意挑選店家進去，是一種樂趣，同時也是旅行的精髓所在。

我入神地追著包夾著咖啡館的壁畫藝術，遇到了畫著巨大塗鴉的垃圾桶。一群少年群聚在此。

我拿著單眼相機對準這帥氣的圖樣，鏡頭前出現了一個正在溜滑板的少年

身影。我將焦點對準了那個少年。

牆面的藝術文字和少年們五彩繽紛的毛線帽象徵著街頭文化，當我發現自己實際存在這宛如海外影集的畫面中，心中湧現說不出的感動。

由此搭上輕軌電車，前往位於東部當地居民的廚房「Food Market」，這裡又是跟城市表情截然不同的悠閒空間，有許多能和當地人接觸的絕佳地點。

這裡擺滿許多移民國家特有的特殊乳酪和土耳其麵包、義大利小菜、橄欖等，和五彩繽紛新鮮的蔬菜。一邊和當地人交流，精心挑選許多食材，發揮創意料理的晚間套餐，是靠旅行書上的路線無法得知的特別風味。

在豐足的此地旅遊，接觸「平凡日常」的奢侈，對我來說就是「最棒的一天」。

♔PROFILE
姓名：**樂樂真理子**　　年齡：32歲　　職業：飛特族
部落格：「墨爾本日記」
http://ameblo.jp/mmsea/theme13-10032587342.html#main

✍ABOUT
國名・地區：澳洲・墨爾本
一天的路線：以墨爾本的中心部「墨爾本中央車站」為起點。
　　　　　　逛「CBD（中央商業區）」區域。在古董畫廊、唱片行、精品店
　　　　　　間散步。→從中央區筆直走向伊利莎白街，抵達「福林德斯街車站
　　　　　　（Flinders Street）」。在知名的咖啡廳街「Degraves Street」逛
　　　　　　咖啡廳。→在詭異的後巷散步，拍攝平面藝術。→穿過後巷，從《魔
　　　　　　女宅急便》舞台福林德斯街車站的鐘塔前，搭上墨爾本知名的輕軌電
　　　　　　車→離開市區，來到沒有日本人的「坎伯韋爾（Camberwell）」。
　　　　　　一邊跟當地人交流，一邊在市場挑選食材，享受這趟旅行最棒的自製
　　　　　　有機晚餐。
旅行種類：一個人旅行

✈ACCESS
從日本到澳洲雪梨轉機，抵達墨爾本。從日本到雪梨約9小時45分鐘，從雪梨到墨爾本約1小時30分鐘。

「彷彿世界的時間只為了自己而停止」。只有退潮時才會出現的夢幻海灘，雪白的道路，簡直像通往天國的道路。

沒去過夏威夷也沒去過關島的我，在2012年5月踏上帛琉之地。根據出發前的天氣預報，我的預計停留期間中似乎每天都會下雨，但是迎接沮喪的我，是一大清早就太過灼熱的陽光。（紫外線是日本的約八倍！）

從飯店眼前的棧橋搭船，前往帛琉的知名景點牛奶湖（Milky Way）和長堤公園（Long Beach）。**帛琉大海的顏色會隨著地點而變化。**

加速的船上，頭髮拍打在臉上，我深深注視著「大海顏色」的多樣變幻。

小船的速度突然減慢，進入一個河口。

在那個瞬間，附近是一片乳白色。 如夢似幻。石灰質粒子堆積，被太陽光加熱後形成具有高度美白效果的泥土。當然，潛入水中視線也是一片混沌，彷彿快融化的乳白。

在那之後，船航向夢幻的長堤公園。這裡並非經常能看到，只有在退潮後才出現，所以很容易受天候左右。總之，周圍什麼都沒有，只有一條開闊的雪白道路。

彷彿世界的時間只為了自己而停止。

簡直像通往天國的道路。

這一天的最後，我望著火紅燃燒的天空一邊吃晚餐。

自然界展現的色彩，遠遠超越人類所能創造的語言種類。

「來之前的天氣預報可是每天下雨呢……」

「二十四小時以內至少有一分鐘下雨，所以天氣預報幾乎每天都是下雨。」

「帛琉人會浮潛嗎？」

「浮潛？光看魚太浪費了。既然如此還不如釣魚賣給附近店家還能換錢。」

旅行中有很多學習對話的機會。

我來到這個國家，並不是只為了追求漂亮的大海。

今後或許我還會拜訪許多國家，但我永遠不會忘記這一天。

♛PROFILE
姓名：**寺岡茉美**　　年齡：24歲　　職業：上班族

✈ABOUT
國名‧地區：帛琉‧洛克群島（Rock Islands）
一天的路線：從飯店出海→牛奶湖→長堤公園→港邊餐廳
旅行種類：其他

✈ACCESS
從日本到帛琉約5小時，從抵達的柯若島（Koror）到以陸橋連接的馬拉卡爾島（Malakal）開車約30分鐘，由此到牛奶湖搭船約30分鐘。

滿天的星空下。亞利桑納州的桃源鄉。
圍繞著營火，度過奇蹟的一夜。

亞利桑納州的祕境哈瓦蘇峽谷是靜靜佇立在大峽谷旁邊的綠洲城市。

天候不佳，不斷下著雷雨。
轟響的雷鳴彷彿雷就打在近處。

接下來要在峽谷中走單程四小時的健行。
我愈走愈不安，不知道該往前進，還是往回走。
慢慢失去了判斷的能力。

我預測風的方向和雲的流動，雖然沒有把握，還是感覺到放晴的徵兆，決定前進。

五分鐘後。
籠罩四面的灰色雷雲宛如從未出現一樣，大放晴空，老天爺啊，謝謝祢站在我這邊。

旅行時遇到好天氣的幸運。

感受著風和聲音的五感似乎變得更敏銳。

可是，我出發的時間太晚。

抵達時已經超過傍晚五點，大家都說，走在有蛇和蠍子出沒的夜路上回去，簡直是瘋了。

原本打算當天來回，所以沒有做露宿的準備。

此時雙腳也已經疲勞腫脹，看來我太天真了。

以往遇到困難時，我總是相信會有奇蹟不斷出現，不過這次或許真的得露宿野外了，幸好當地的哈瓦蘇派族看到不知所措的我覺得不忍心，決定收留我一夜，甚至拿出啤酒、威士忌、飯菜來招待我！

沒想到我竟然能在這桃源鄉面對營火，仰望滿天的星星。

♔PROFILE
姓名：**加藤大輔**　　年齡：30歲　　職業：教育

✉ABOUT
國名·地區：美國·哈瓦蘇峽谷
一天的路線：花拉派山頂（Hualapai Hilltop）→健行→抵達Havasu大瀑布→在哈
　　　　　　瓦蘇派族強尼家圍著營火乾杯、住宿。
旅行種類：環遊世界

✈ACCESS
從日本到美國舊金山轉機，抵達鳳凰城。從日本到舊金山約9小時30分鐘，從舊金山到鳳凰城約2小時。從鳳凰城經過南緣前往山頂。鳳凰城到南緣約3小時30分鐘、南緣到山頂約5小時，由此到哈瓦蘇派族的蘇派村（Supai Village）徒步約4小時。

輕柔的風和光線照拂下，舉起最棒的啤酒乾杯。
在日照時間長的布拉格，緩慢流動的幸福時光。

　　搭上穿梭在鋪著石板路美麗街道的路面輕軌電車，我和供我寄宿的捷克友人兩人一起從家中前往市中心。

　　興奮地買了郵票、捷克串珠等東西，正覺得有點疲倦，她邀我一起去搭流過市中心的大河伏爾塔瓦河上的腳踏船。

　　我們在船屋買了顏色可愛的酒後搭上了船。

　　望著捷克的廣闊天空，一邊喝酒一邊感受著風，隨著伏爾塔瓦河的水波搖曳。

　　風中飄著大量的棉絮。

　　五月底的捷克白晝時間很長，到了晚上八點天光還跟日本的五點左右差不多亮。

　　我們搭的雖然是腳踏船，不過後來索性放棄踏船、伸直雙腿，只讓船在河上漂著。

　　悠閒度過這幸福的傍晚後，搭乘輕軌電車回到家附近只有當地人才知道的小酒吧。

在這裡和她的「老朋友」們會合。我們坐在戶外的露天座位。

在輕柔的風和光線照拂下，舉起最棒的啤酒乾杯，融入他們的「日常時間」當中。

我的好旅伴相機，也裝上她送給我的捷克卡通人物小鼴鼠鑰匙圈，相當入境隨俗。

我完全聽不懂捷克文，但是大夥看到我從日本帶來的捷克導遊書興奮不已，我猜想，他們應該說著跟平常沒什麼兩樣的會話吧，而我也和他們一起說笑，慢慢度過這段溫暖的時光，真的覺得很幸福。

沒什麼特別的事。

只有自然和朋友，還有慢慢流動的時間跟一點點酒，那天讓我了解了人生中不能沒有這些，是我最棒的一天。

♛PROFILE
姓名：**岡田芙美**　　年齡：28歲　　職業：上班族

✒ABOUT
國名・地區：捷克・布拉格

一天的路線：搭乘輕軌電車到市中心→買郵票和捷克串珠→在伏爾塔瓦河悠閒踏船
→在小酒吧和當地朋友會合，一起喝美味的啤酒，徹底放鬆。

旅行種類：一個人旅行

✈ACCESS
從日本到德國的法蘭克福轉機，抵達捷克的布拉格。從日本到法蘭克福約12小時，
從法蘭克福到布拉格約1小時。

白色建築物和藍色門扉。海是藍的，天空也是藍的 。
鮮艷的突尼西亞藍填滿心中的一天。

一切都始於在書店翻看雜誌裡的照片。

白色的建築物和藍色的門扉，西迪布賽義德（Sidi Bou Said）。

「今年夏天就去這裡吧。」

數次轉機後，來到非洲大陸北端的國家，突尼西亞。

我所住宿的首都突尼斯街上，同時有摩登現代的新街區，和回教色彩強烈的雜沓舊街區，形成明顯對照。與其說是非洲大陸，這裡的奇妙氣氛更像混雜了中東或歐洲。這一天，我在市場買好了早餐，搭上火車 。

從突尼斯出發大約過了1小時左右抵達西迪布賽義德（Sidi Bou Said）。離開車站不久，照片上的那條街道，就出現在我的眼前。不，**那比在照片上看到的白還要白、藍還要藍。**

街上到處都有美麗的藍色大門。門的圖案都不一樣，各具特色。

盛開的九重葛也是深濃的粉紅色。各種鮮烈的顏色闖進眼中，拿下太陽眼

鏡眼睛幾乎會刺痛。

時節是夏天，非洲強烈的日光造就了這亮眼鮮艷的世界。

一邊看雜貨一邊逛街，在可以望海的咖啡廳喝杯檸檬水。海也是漂亮的藍色。抬頭看，天空也是一樣的顏色。鮮艷的突尼西亞藍滿滿塞進我心中。

逛完西迪布賽義德後，回到突尼斯。

傍晚回到投宿處時，櫃檯人員和打掃的爺爺正在祈禱。祈禱結束後，他們拿出從家裡帶來的北非小米便當，以極快的速度開始狼吞虎嚥。剛好是齋戒月的時期，所以大家都吃得津津有味。

發現到我們回來，他們「咕嚕咕嚕」地開始對我們說話，好像是想招呼我們一起吃。我怯生生地將湯匙送進口中。一種辛辣陌生的味道。

我忍不住笑了。
爺爺們也笑了。

那是讓我愛上突尼西亞、難忘的一天。

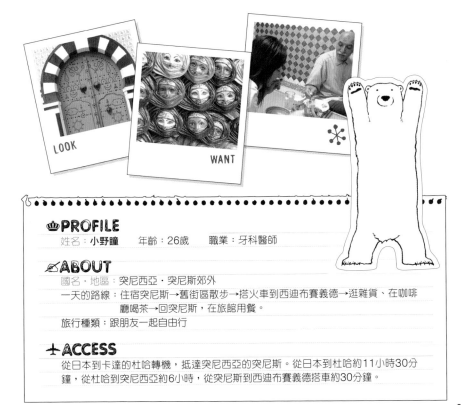

LOOK

WANT

👑PROFILE
姓名：**小野瞳**　　年齡：26歲　　職業：牙科醫師

✍ABOUT
國名・地區：突尼西亞・突尼斯郊外
一天的路線：住宿突尼斯→舊街區散步→搭火車到西迪布賽義德→逛雜貨、在咖啡廳喝茶→回突尼斯，在旅館用餐。
旅行種類：跟朋友一起自由行

✈ACCESS
從日本到卡達的杜哈轉機，抵達突尼西亞的突尼斯。從日本到杜哈約11小時30分鐘，從杜哈到突尼西亞約6小時，從突尼斯到西迪布賽義德搭車約30分鐘。

「現在，我正用自己的雙腳感受著萬里長城的偉大和可怕。」跑完由歷史堆砌、無限延伸的嚴酷馬拉松跑道 。

往前、往後，都無限延伸的跑道。

集團已經打散，周圍不見人影。

耳邊聽到的只有呼嘯的風聲，和自己的喘息聲。

面對眼前已出現數十次的上坡，我只能嘆著氣，一步一步往前跑。

那一天，我終日處於這樣的風景中。

早上九點，鳴槍開跑。

數百名跑者同時衝出！沒想到卻馬上面臨失速。

眼前突來的險坡，讓人幾乎懷疑自己的眼睛，也預告了這一天的嚴酷艱險。

沿山脊延伸的長城，就像雲霄飛車軌道般連續起伏，有些地方甚至必須用雙手攀爬。

以馬拉松跑道的觀點來看，無疑只有「瘋狂」二字。

雄偉的景色和艱險都遠遠超越想像的路線。

跑了好幾小時的期間內，腦中盤旋著種種思緒。

就算有以高牆將一國圍起來的想法，真能付諸實行嗎？

在上位的人根本沒想到現場工作人員的辛苦吧？

一旦開始，途中就很難放棄吧？

他們曾經後悔過嗎？

我深深同情幾千年前的勞工。

我對中國歷史並不清楚，但現在，我正用自己的雙腳，感受著萬里長城的偉大和可怕。

「(Turning point is) Almost there!」「折返點快到了！」

「加油！」「Good job！」

「前面路還很長喔～」「Crazy……」

世界各國的跑者跟彼此擦身而過時，各自用自己的語言互相鼓勵、稱讚、訴苦。

大家都一樣痛苦。
我們不是彼此的對手。

一起挑戰這場驚人馬拉松大賽的夥伴，讓我覺得有了依靠。

開跑之後7小時，雖然中途有數次幾乎想放棄，終於抵達了終點！

仰望天空，自然地握緊雙拳往上舉。

臉上是一粒一粒汗水乾掉後的鹽巴，藍色T恤也泛白了。

這是最辛苦的一天。

但奮戰結束迎向終點的瞬間，還有之後的乾杯，也是最棒的滋味。

♛PROFILE

姓名：**櫻井步**　　年齡：30歲　　職業：上班族

✎ABOUT

國名・地區：中國・北京

一天的路線：5：00AM在北京市內的集合飯店集合／出發（專用巴士）→7：00AM抵達開跑地點（金山嶺長城）、開幕式→9：00AM馬拉松開跑→4：00PM抵達終點、閉幕式→在北京市內解散，回飯店（專用巴士）。→9：00PM慶功宴

旅行種類：「Great Wall of China Marathon 2012」大會官方旅遊團

HP：「Great Wall of China Marathon」（日文）http://www.greatwallmarathon.jp

✈ACCESS

從日本到中國北京約4小時，從北京到最近最方便的居庸關長城開車約1小時。

> 「人生大事排行榜數一數二的興奮，無法形容的戲
> 劇性。」在薩菲口體育場（Safeco Field）遇見日
> 本大明星的戲劇化瞬間。

揮出第一球，描繪著拋物線通過我眼前。

從球落入觀眾席後我就沒有印象，人生中最高的興奮和歡喜滿溢而來。

從以前開始我就很嚮往他的一舉手一投足、模仿他的姿勢，把他的言行舉
止牢牢記在心裡。

深愛棒球的我們，共通的口號就是**「死前怎麼能不親眼看一次這位
名留青史的明星選手！」**

於是我們向老婆孩子下跪賠罪好幾次，三個男人一起來到美國。

世界上最有名咖啡廳的誕生地西雅圖。

開著在機場領取的四輪傳動車，前往棒球場。終於到了……

快節奏的音樂和球迷的拍手聲催促著選手出場。下一個瞬間，那個超級球
星就在我伸手可及的距離間，跑向右野。

我莫名地哭了。

人生中最棒的瞬間，並不是這個相遇的場面。

落後一分、九局下半兩人出局、跑者在一壘。簡直像漫畫一樣，材料齊備的舞台。

承受著整個球場的視線，他站上了打擊區。

所有觀眾都站起來連呼這個日本打擊手的名字。

這是什麼樣的感覺？球場和人，電壓都推到最高點。

「投手用力丟出第一球～」……

人生大事排行榜數一數二的興奮，無法形容的戲劇性。

我親眼看到，一個日本人在異國，將數以萬計的外國人引領到歡喜顛峰。

但是同時我又想。

我也想到那邊去。不能老是處於受人施與的位置。

就算微小也無所謂，希望自己能成為可以傳達、提供些什麼的人。

那一天的感動和衝擊，讓我有了決心和體悟。

👑PROFILE

姓名：堀田千暈　　年齡：35歲　　職業：工程師

✍ABOUT

國名·地區：美國·西雅圖

一天的路線：西雅圖機場→領取租車→在星巴克一號店喝茶→薩菲口體育場，紐約洋基戰。→親眼看到再見全壘打

旅行種類：跟好友同遊

✈ACCESS

從日本到美國西雅圖約9小時，從西雅圖機場到薩菲口體育場搭電車約30分鐘。

人的親切讓心加溫，卡帕多細亞的寒冷冬日。

二月，卡帕多細亞冷到偶爾還能看見殘雪。

我從伊斯坦堡起持續了將近一個月的背包旅行，昨天晚上終於住宿在期待已久的洞窟飯店。

早上因為寒意清醒，在街上走著，坐在餐廳露天座位的兩位老人突然請我喝奶茶。同樣的事不知道已經在這個國家遇到幾次，真的讓我覺得很溫暖。

身心都暖和後，來到郊外散步，突然從小學操場上滾來一顆球。我奮力踢回去，瞬間被十幾個小學生包圍。我一邊心想，這光景好像曾在什麼電視節目裡看過，一邊跟孩子們一起追著球玩，後來還受邀到其中一個少年家中拜訪他們。少年母親溫暖的接待，讓我心裡些許的不安幾乎顯得可笑，我向她告別，回到市區參加旅遊行程。臨別時少年給我的項鍊應該是他很愛惜的東西吧，到現在仍然是我的珍寶。

接觸到如此無防備的溫暖人際關係，讓我願意相信性善說。

當地旅遊行程帶我們到凱瑪克勒（Kaymakli）的地下城和鴿子谷（Pigeon Valley）等知名景點，我心想，不知道要歷經多麼漫長的時間才能完成這令人驚嘆的風景，想像起住在洞窟的先人。

傍晚的烏奇希撒爾（Uchisar），童話般的一天終於要落幕。

雄偉的景色讓我莫名有種跟世界相連接的奇妙感覺，我將眼前的景色深深烙印在眼中。

晚上，在住宿處認識的背包客夥伴們聚在一起，圍著用報紙包住的EFES啤酒和知名的陶罐料理，一起暢談在這城市看過的景色。

一天慢慢地過去，我用全身感受自然的偉大、體會人類的溫暖，這是最棒的一天。

♛PROFILE
姓名：**小林哲之**　　年齡：28歲　　職業：因為太愛旅行，現在在旅行社工作

✍ABOUT
國名‧地區：土耳其棉花堡（Pamukkale）‧卡帕多細亞（Cappadocia）
一天的路線：在格雷梅（Greme）街上喝下別人招待的奶茶→ 散步中，跟小學生交流。拜訪少年家。→參加當地旅遊行程→晚餐跟在卡帕多細亞認識的背包客們一起圍著陶罐料理，享受一場盛大歡宴。
旅行種類：一個人的畢業旅行

✈ACCESS
從日本到土耳其的伊斯坦堡轉機，抵達開塞利（Kayseri）。從日本到伊斯坦堡約12小時，從伊斯坦堡到開塞利（Kayseri）約1小時。

包圍在神聖夏日祭典般的氣氛中，沉浸在幸福感中。北印度的幻想夜晚儀式。

第一次的海外旅行，印度。

大約四十天周遊北印度之旅的最後，我前往赫爾德瓦爾。

這時我差不多已經習慣入境時的文化衝擊（雖然還是照拉肚子），一想到再過幾天就要回國，**一方面想念日本，同時又對離開印度覺得寂寞，我帶著這些複雜的情感走在赫爾德瓦爾的街上。**

到電影院看電影，沒想到電風扇短路突然起火，引起一陣騷動，這些暫且不管……

這個地方和其他城市有著微妙的不同，具有深濃的印度風味。可能是因為觀光客少的緣故吧。總之，在這裡，我更強烈地感受到我正身在印度。

我在哈其普里（Har Ki Pauri）一邊眺望著恆河一邊吃午餐。

菜色是我愛吃的烤麥餅和辣味燉馬鈴薯。

這時我突然注意到某個集團。身穿鮮艷的裝束的許多女性，帶著幼兒、嬰兒，男性則身穿白色棉衫褲（Kurta Pajama）、頭纏紅色頭巾（Turban），可

能是為了祈禱吧，正在繞著河邊的沐浴場走。

我聽說全印度中都有乞討、苦行僧、流浪人、巡禮者來訪，而他們又是懷抱著什麼樣的心意來到此地的呢。我精神奕奕地吃著麥餅望著他們，下個瞬間，我宛如突然被電流觸動，單手抓了相機就跑出店外。

接著，忘我地將他們的身影記錄在相機中。

夜晚，我看到跟瓦拉納西（Varanasi）完全不同的儀式。

在我心中，瓦拉納西的意義一直偏重於「針對觀光客舉辦的儀式」。而這裡的儀式卻讓我真切地感受到參加者奉獻給神的心意，包圍在神聖夏日祭典般的氣氛中，沉浸在幸福感中，度過一個幻想般的神聖夜晚。

周遊印度時，我跟許多人交談過，曾經表示**「印度充滿能量」**的人並不在少數。

看來這個地方赫爾德瓦爾之神的能量，將會引領我到某個地方。

寫於地球的宇宙，印度。

👑**PROFILE**
姓名：**小島慎太郎**　　年齡：21歲　　職業：學生兼流浪者
Facebook：http://www.facebook.com/shintaro.oshima

✍**ABOUT**
國名・地區：印度・赫爾德瓦爾
一天的路線：從住宿處逛完莫蒂市集（Moti Bazar），來到哈其普里。→吃午飯時發現一群團體→呆呆看著時，突然被觸動，開始不斷拍照。→參加夜晚的儀式，陶醉在神聖的氣氛中。
旅行種類：一個人旅行

✈**ACCESS**
從日本到印度的德里約9小時，從德里到赫爾德瓦爾搭火車約4小時30分鐘。

039 比富士山還要高、如大海般的湖水
～的的喀喀的天空、湖水、孩子們～

金黃色的湖面，沉入安地斯山背後的夕陽，南美民俗音樂的曲調。比目前為止的任何時間都更幸福的片刻。

「的的喀喀湖。」

這個名字念起來相當俏皮的湖，位於安地斯山中祕魯和玻利維亞交界處，比富士山海拔更高的3890公尺處。湖水的大小是琵琶湖的十二倍。也就是説，的的喀喀湖是一座「比富士山更高、像海一樣的湖」。

我在這裡遇見了許多孩子。

有的孩子很不可思議地四處張望。
有的孩子很驕傲地表演打陀螺給我看。
有的孩子一看到相機對著自己，就害羞地藏起臉。

二頭身左右的小小孩，筆直看著我的眼睛。

跟這群天真坦率的的的喀喀孩子們，一起到**「比富士山更高、像海一樣的湖」**的更高處山頂，去看夕陽。

這夕陽又是遠遠超乎我想像的美。

通往山頂的山路，一樣美得出奇，我轉頭無數次，也有幾次直接看著後方湖畔的景色倒退往上爬。

一口一口仔細吸著稀薄的氧氣，慢慢往上爬。

在上氣不接下氣的狀態下終於爬上山頂，找到一個最適合眺望湖面的地方坐下來。

過了一會兒，身旁的孩子們開始演奏美妙的南美民俗音樂。

太陽就快西沉了吧。

搭配著民謠緩慢獨特的音色，映照在湖面上的夕陽光帶也漸漸變細。

湖面顏色從白金色變成金黃色。接著就這樣大約過了半小時吧，**就在我沉醉於金黃色湖面時，夕陽已經落入安地斯山脈的背後。**

旅行時覺得「真不想離開這個地方」的經驗並不少。

但是，從沒有一次像今天這個瞬間這麼認真。

這比我以往擁有的任何一段時間，都要來得幸福。

的的喀喀的天空、湖水、孩子們，這一切帶給了我人生中最棒的一天。

♛PROFILE

姓名：**荻野孔史**　　年齡：33歲　　職業：建築研究者

✎ABOUT

國名‧地區：祕魯‧的的喀喀湖

一天的路線：湖岸小鎮普諾（Puno）→長滿蘆葦的烏盧斯浮島（Uros Islands）→克丘亞民族（Quechua）住的塔吉利島（Taquile Island）→住宿當地民宅→傍晚健行→迎接夕陽日落帶來的最高潮→晚上是傳統服飾的舞蹈宴會

旅行種類：環遊世界

✈ACCESS

從日本到美國城市、祕魯的利馬轉機，抵達忽利阿卡（Juliaca）。從利馬到忽利阿卡約1小時40分鐘，從忽利阿卡機場到普諾市內搭車約30分鐘。去程的飛行時間共約19小時。

刻劃著古王朝榮枯盛衰的古都阿瑜陀耶。
微笑人們給我的世界，讓我成為旅行的俘虜。

從前曾經極盡榮華的古都阿瑜陀耶。

說到世界遺產阿瑜陀耶，一定會刊載在泰國團體旅行的宣傳單中。

我拜訪阿瑜陀耶，是第一次出國旅行，而且還是一個人旅行。事前也讀了一些旅遊書做功課。聽說從前曾在十四到十八世紀相當繁榮的都市，因緬甸入侵而消滅的王朝。

從曼谷市內搭巴士兩小時左右，車窗外出現了看似遺跡的建築物。

那從未見過的形式讓我看傻了眼。下了巴士後暑氣纏身，一片爽朗晴空。

眼前有巨大佛塔、遭破壞的建築物、無頭佛像等，刻劃著古王朝榮枯盛衰。**跟榕樹化為一體的佛頭，只是沉默地裹著神祕外衣。**

遺跡中有熱鬧的團體旅客，攤商也意氣昂揚地勤做生意，這裡還保留寺院的功能，所以阿瑜陀耶還是當地居民信仰寄託的地方。

展露笑臉賣明信片的少女。正在默默修復遺跡的人。頭貼著地面虔誠祈禱的佛教徒。看來很隨性的大叔。每一樣看在眼裡都是那麼新鮮。

我在某個遺跡遇到了一個推銷精神相當旺盛的賣家。她朝我走過來，不斷纏著我買一個象的雕像。也就是所謂收了也不會高興的那種伴手禮。

一開始她開的價錢是五百銖。我不理她，轉眼降價為兩百五十銖。她自己不斷降價，最後變成五十銖。

看到我依然拒絕，她從口袋裡拿出某個東西，那是日本的五百圓硬幣。

她問我「這個多少銖？」我換算了一下匯率，告訴她金額，結果她咧嘴一笑，「這個給你！」把象的雕像送給了我。

我忍不住噗哧一笑。

象的雕像跟五百圓硬幣一點關係都沒有，但她最後竟然送給我，**這樣怎麼做生意啊，大姊！**

我大聲地笑了。

阿瑜陀耶的單身之旅，給了我這些愉快的邂逅。
微笑人們給我的世界，讓我成為旅行的俘虜。
那是我直到現在還忘不掉的最棒的一天。

♔PROFILE
姓名：**岡本裕文**　　年齡：41歲　　職業：上班族
HP：http://fotogenica.exblog.jp/

✍ABOUT
國名・地區：泰國・阿瑜陀耶
一天的路線：曼谷市內→阿瑜陀耶世界遺產遺跡群
旅行種類：一個人旅行

✈ACCESS
從日本到曼谷約6小時30分鐘，從曼谷到阿瑜陀耶搭車約2小時。

天然三溫暖，自然界的溫室，四方開滿五顏六色的蘭花。祖孫三代不褪色的回憶。

　　一場暴風雨般的驟雨之後，空氣乾淨，相當清爽。

　　雨一停，雲便一口氣散開，閃閃發亮的太陽光更加重了熱氣，肌膚可以感受到宛如三溫暖般刺人的悶熱。這種氣候所形成的天然三溫暖，成為自然界的溫室，滋養了數萬種色彩、種類各異的蘭花。

　　平常就很愛花的外婆，欣賞著從輕淡粉彩到濃烈冶艷的整片蘭花，跟母親和我一起在植物園的坡道上散步。

這是一趟只有我和母親以及外婆祖孫三代的海外旅行。

　　去年我終於成年，外婆則迎接喜壽。

　　在那之後我們參觀了新加坡的象徵魚尾獅像，在前面留影。我就像平常和朋友一起胡鬧時一樣，運用遠近法拍下照片。

　　「喔，原來可以這樣拍啊，真厲害！」

「也幫妳老媽拍一張嗎，像這樣嗎？」

我們無畏暑氣，一邊拍照一邊捧腹大笑，三人就這樣輪流拍照拍了30分鐘左右。沒想到這個技巧竟然能超越世代，獲得同樣迴響啊。

中午吃飲茶，喝著杯子像有花朵綻放般的八寶茶，晚上喝了鮮紅的新加坡司令酒微醺，回到飯店滾在床上邊吃著色彩鮮艷的馬卡龍。**不管走到哪裡，女人的話題都不間斷。**

那一天的回憶一定也像那些蘭花一樣鮮艷，永遠不褪色。

外婆，希望您永遠年輕健康喔!!

👑PROFILE

姓名：**三井梓**　　年齡：20歲　　職業：大學生

✉ABOUT

國名・地區：新加坡・新加坡市中心

一天的路線：在飯店悠閒地吃早餐→到蘭花植物園散步→在魚尾獅像前拍照留念→午餐吃飲茶，儘管天氣熱，筷子還是一直動不停。→搭乘世界上最大的摩天輪眺望風景→跟母親、外婆分頭行動，我到土生華人文化館（Peranakan Museum）→一個人參觀附近幾座教會→跟母親外婆會合，觀賞爆發力十足的噴火秀和夜間野生動物園。

旅行種類：祖孫三代的旅行

✈ACCESS

從日本到新加坡約7小時15分鐘。

不斷祈禱的人們，酥油茶，神祕的舞蹈，在天空之城度過滋味深濃的時間。

拜訪被稱為「天空之城」的西藏最大都市——拉薩市。

我在西藏曆的正月、開始管制外國人入域之前驚險地進入拉薩市。

高地的荒野上有通透的蒼藍天空、雪白石壁的人家。

還有**不斷五體投地向西藏佛陀祈禱的信者。**

他們的信仰虔誠無比。

上午打算參觀藏傳佛教名寺大昭寺，途中順路逛著禮品店街，這時，一位開朗的爺爺邀我喝茶。

坐在椅子上，他從一個看似大保溫壺的瓶子裡倒出香味濃郁、熱騰騰的飲料到杯子裡。一問之下我才知道，這是自古相傳的酥油茶。

酥油茶是在紅茶裡加入大量奶油，再以鹽調味的特殊茶飲。

喝了一口之後，發現奶油和紅茶的香味混合得恰到好處，擴散在口中，非常濃郁美味。鹽巴又更襯托了甜味。

我所點的輕食是當地的推薦傳統料理，燉煮成甜辣口味的氂牛肉，吃起來比外表感覺更香醇，讓我們話題更豐富。原來這位老爺爺的工作就是導遊。

現在剛好碰上淡季，一遇到觀光客，他就會像這樣暢談歷史，打發時間。

到了傍晚，我走在鋪得極美的石板小道上回飯店。

這時剛好遇上飯店準備過年，裝飾品和料理的準備告一段落後，老闆十歲左右的女兒身穿紅色傳統服飾，特別跳舞給大家看，說是提前慶祝。**伴隨著音樂的神祕舞姿，讓我深深陶醉。**

一天結束在此滋味深濃的時刻。

這是我最棒的一天。

♔PROFILE
姓名：**有和秀晃**　年齡：21歲　職業：大學生

✍ABOUT
國名‧地區：中國‧西藏自治區拉薩市
一天的路線：禮品街→大昭寺→布達拉宮
旅行種類：一個人旅行

✈ACCESS
從日本到中國的成都轉機，抵達西藏自治區的拉薩。從日本到成都約6小時45分鐘，從成都到拉薩約2小時。

溫暖的日光、耀眼的風、大海和天空的藍色畫布，重塗了我心靈色彩的布萊頓海灘風景。

我一直很嚮往毫無拘束的自由。

自己決定。自己行動。自己負責。

我總是帶著這些念頭，展開最愛的旅行。

移居澳洲一個月。

為了舒緩第一次在海外生活的疲憊，我單身踏上旅途。

在中布萊頓車站下車，騎上借來的自行車，經由沿海的自行車道來到目的地的海灘。

大約排列了八十棟顏色鮮艷海灘小屋的布萊頓海灘上，有著旅遊書上無法形容的空氣感。

溫暖的日光和耀眼的風襯托著大海和天空的藍色畫布。

這些顏色的排列無關技法和平衡感，個性豐富地存在著。

海鷗們或許是這個空間的常客吧，牠們愉快地引領我往前走。

我開始出現一種不可思議的心情，在附近的木頭露台上坐下，看著海一個小時左右。

　　然後我終於發現了。

　　所謂的「自由」並不是一種道理，而是一種感覺。

　　這一天，改寫了我人生中「自由」的顏色。

　　除了是個分歧點，同時也是最棒的一天。

♛**PROFILE**

姓名：**福井悠翔**　　年齡：27歲　　職業：酒保
HP：http://ukeyworks.web.fc2.com/

✍**ABOUT**

國名・地區：澳洲・布萊頓
一天的路線：中布萊頓車站→騎自行車→布萊頓海灘
旅行種類：一個人旅行

✈**ACCESS**

從日本到澳洲的雪梨轉機，到墨爾本。從日本到雪梨約9小時30分鐘，從雪梨到墨爾本約1小時30分鐘，墨爾本到布萊頓搭電車約20分鐘。

044

SEDONA 式
～一個人旅行 = 邁向成人的一天～

藍色天空和紅褐色岩石的對比。
在西部片世界上演的大地中的成人儀式。

我：「長大成人就是變成一個在社會上能對自己行動負責的人吧。既然如此，我可以一個人去旅行，當作成人的預演嗎？」

父親：「好啊！」

於是，我把買成人禮上和服的錢換成機票，往塞多納出發！

從日本經過洛杉磯國際機場，歷經13小時來到鳳凰城。

「好！我一定要玩遍塞多納!!」就在我興致勃勃地發下宏願後，慘劇發生了。

「行李……不見了。」

就這樣，我的一個人旅行有了精采的開始。從鳳凰城搭計程車約2小時，塞多納就在眼前。藍色天空和紅褐色岩石的對比闖進我的視線。

提到塞多納，就會想到氣旋（vortex）。
這是一個大地散發出強烈能量的地方。

首先，我在被稱為鐘石（Bell Rock）、呈鐘形的氣旋來個簡單的健行。

宛如西部片的世界在我眼前展開，看到這光景任何人都會忍不住大喊「Hi-Yo, Silver！」（譯註：曾數次改編為電影、電視的西部片獨行俠（The Lone Ranger）中，獨行俠騎上白馬Silver準備奔走時總是會高喊：「Hi-Yo, Silver！」）

接著我造訪的是石中教堂（Chapel of the Holy Cross）。這是個很莊嚴的空間，來訪的人接連獻上祝禱。當然，我也在此為了我的未來和行李的去向而祈禱。

夜愈來愈深，我動身前往市區。走進一間司機推薦的餐廳，滿堂都是攜家帶眷的食客，熱鬧非常。

看到我一個人呆坐著，懷特家的人邀請我，「Join us!」我跟懷特家人一邊吃牛排一邊談笑。愉快的用餐時光結束後，我回到飯店，行李已經在那裡等我了。

「我就知道你沒問題的!!」

大大稱讚行李一番後，結束了我成人禮的這一天。

♛PROFILE
姓名：前定麻子　　年齡：25歲　　職業：自營業

✍ABOUT
國名・地區：美國・塞多納
一天的路線：鳳凰城機場→塞多納市區→鐘石→石中教堂→塞多納市區
旅行種類：一個人旅行

✈ACCESS
從日本到美國的舊金山轉機，抵達鳳凰城。從日本到舊金山約9小時30分鐘，從舊金山到鳳凰城約2小時，鳳凰城到塞多納開車約2小時。

「我覺得找到自己想做的事了」
瀰漫整個工房的木頭香。
終日沉迷於家具職人營造出的空氣感。

「我想看看製造威格納家具的地方……」

這樣的想法驅使我的身體前往丹麥的土地。

對於第一次離開日本的我來說，丹麥的風景、街景、人，眼中所看到的一切都觸動著我的心。

而接下來拜訪旅行目的地工房的那一天，成為我自己**人生中一個重大的指路標**。

大片藍天中，工房位於安靜的住宅區中。進入工房，看到的是擺放整齊的家具零件、工具、組裝中的椅子。從空隙間可以窺見工匠們的側臉。每個人都認真地集中精神在工作。

日光照射下，家具的木頭溫暖和香氣包圍著整個工房。窗口吹進來的風冰涼到不像是七月分的風，讓人覺得更舒適。

「天啊，我喜歡這個環境。」就在這時，工房裡鐘聲響起。

工匠們同時停下工作，開始聚集在院子裡的桌前。好像是午餐時間到了。大家聚在一起開心地聊天吃午餐。這樣的光景，只是極其平凡的日常片段。而我從什麼時候開始，覺得這種畫面很稀奇的呢？我心中這麼想，在一瞬間深深陶醉於這裡的氣氛和空氣感。

這時候，我決定要從事自己想做的事。

做喜歡的事、有一群好夥伴、愉快並且專業地工作。

拜訪工房之後，我回到市區散步。在自己覺得感動的瞬間按下快門，截取的光景似乎跟以往有所不同。

「好像拍到不錯的照片……」

感覺到自己身上些微的變化，在新港（Nyhavn）餐廳喝的酒，讓二十一歲的我覺得滋味更好了。

♛ **PROFILE**

姓名：**京谷學樹**　　年齡：25歲　　職業：上班族

✎ **ABOUT**

國名·地區：丹麥·哥本哈根

一天的路線：哥本哈根市區散步→搭電車到Allerod→參觀PP M BLER（工房）→
　　　　　　哥本哈根市區散步→在新港吃晚餐

旅行種類：一個人旅行

✈ **ACCESS**

從日本到哥本哈根約11小時30分鐘。

「人類活在地球上」，寄宿在非洲遼闊大地上，跟人們互助，與自然共存的民族「馬賽族」家中。

遊學團的行程中，包含了到馬賽族家中住宿的行程。

沒有電、瓦斯、自來水的生活。距離鄰家不知幾公里的環境。

跟夥伴兩人一組住宿，剛開始我心中充滿不安。

可是住宿家庭的人都很友善，小孩子也會黏上來跟我們一起玩球、吹肥皂泡，大家很快就打成一片。

看到孩子們的笑臉，我就鬆了一口氣。

早上跟驢子一起去汲水。也不知走了多久，汲水場熱鬧地來了好多人。這裡沒有打水幫浦，舀起來的水靠大家以人力接力的方式提上來。那身影看起來真是太神了！接著用驢子將水運回家。

汲水後我一路散步回家，途中看到的遼闊景色深具震撼力。

這是我第一次切身感受到大地能量的地方。

「自己活在地球上」，我的身體和心靈在這個瞬間同時接受了這個事實。

　　回家後，孩子們當老師教我們馬賽語、一起唱歌，度過愉快的時間。

　　重視家人，與人互助，和自然和諧共存、震撼力十足的大地，這一切帶給我人生中最棒、最具刺激性的一天。

👑**PROFILE**
　　姓名：柴有香理　　年齡：26歲　　職業：家管

✍**ABOUT**
　　國名‧地區：肯亞
　　一天的路線：汲水及散步
　　旅行種類：住宿家庭

✈**ACCESS**
　　從日本到阿拉伯聯合大公國的杜拜轉機，抵達肯亞的奈洛比。從日本到杜拜約11小時，從杜拜到奈洛比約5小時。

踏遍布魯克林大橋另一端、表情豐富的紐約街道。
「Hey, guys……」

不習慣的音色刺激著我的鼓膜。

人種的熔爐、摩天大樓、金融中心、文化、藝術，給世界帶來莫大影響的世界都市，紐約。

來往的人們一如往常地注視著街道上刻劃著歷史的建築物。

街頭呈現出變化多端的表情。我跟朋友不斷在街上走著。

接著我們發現了！

世界上絕無僅有、表情豐富的門扉！太令人感動了……

遇見這扇門扉之前，我們走過了布魯克林大橋。

橋聳立在空氣中，就像是一座橋橫跨在地球上一樣。

我覺得整個人彷彿要被吸進空中般，胸口悸動。

那股震撼力點綴了街道風景。

太陽西下，在微弱街燈照射下，布魯克林的夜晚很安靜。

我們到酒吧點了啤酒。

「Hey, guys……」聲音響起。

嘴裡的啤酒滋味特別不同，舒適地流遍全身。

和朋友天南地北地聊天談笑，那天晚上，龐大的喜悅和笑臉一起探出頭來。

「希望能在平凡事物中，找到最棒的幸福……」

♔PROFILE
姓名：**石田真之介**　　年齡：33歲　　職業：活動公關業

✍ABOUT
國名‧地區：美國‧紐約

一天的路線：布魯克林貝德福德區（Bedford）周圍→曼哈頓蘇活區→曼哈頓下東城區→布魯克林丹波區（Dumbo）

旅行種類：一個人旅行

✈ACCESS
從日本到美國的紐約12小時45分鐘。

只有這個島上才能看到的獨特大海顏色。除了星星什麼都沒有的滿天星空。連接人與人，具有奇妙力量的島。

波照間島。日本最南端的有人島。

早上開始我騎著小五十環島一周。這座島上既沒有斑馬線，也沒有紅綠燈。我沒有決定去處，只是隨性地悠閒騎著車。

首先穿過玉米田當中，全身享受著風舒適吹拂騎在下坡路，下坡後看到的是美得讓我懷疑自己眼睛的海。**這是只有在這座島上才看得見的獨特大海顏色「波無間藍」。**

水平線另一端可以看見西表島。我來到西濱，沐浴在燦然灑下、令人暢快無比的陽光下，浸泡在海水中，在白色沙灘上撿珊瑚和貝殼，躺在白水木樹蔭下，襯著海浪聲當作背景音樂悠閒地讀書。由於太過舒服，我忍不住打起盹來。

之後遇上一場驟雨，但我還是到波照間機場以及「日本最南端之碑」附近

繞了一圈，賞盡小島風光後再回民宿。這時，住宿在這間旅宿的其他客人已經聚在一起了。

很不可思議的是，**這座海角之島自然地具有「連接人與人的奇妙力量」。**

我們九人很快地打成一片，在裴母奇濱慢慢地欣賞夕陽沉入水平線下，當附近被寂靜包圍、一片漆黑時，我們前往今天的重頭戲「星空觀測塔」……那裡名副其實是世界最美的星空。

天上不是有星星，而是只有星星。

這片天空可以看見所有88個星座中的84個星座，光是我看到的，**十分鐘之內就有七顆流星，慢慢在天空盤旋的人工衛星、日本只有少數地方可以看到的南十字星、幾千億顆遍布天空的無數星星所形成的銀河，從頭到尾都可以看得清清楚楚。**我真的一句話也說不出來。

在那之後，我們回到民宿，滿天星空下，大家手持泡盛熱鬧地暢談，「對了，你是從哪裡來的？什麼時候到這座島來的？喜歡島上哪裡？」這段時間是如此開心、愉快、幸福。

👑PROFILE
姓名：**天川夏希**　　年齡：22歲　　職業：幼保師

✍ABOUT
國名・地區：沖繩・波照間島

一天的路線：騎機車環島一周（玉米田→在西濱日光浴 & 讀書→仲底商店紅豆湯 cafe→白水木→ 寇特高台→波照間機場→ 日本最南端之碑）→到裴母奇濱看夕陽→到星空觀測塔→在民宿喝泡盛聊天

旅行種類：一個人旅行

✈ACCESS
搭乘日本國內班機到那霸轉機，或者搭直飛班機到石垣島。從石垣島到波照間島搭高速船約1小時。

用自己的手將尼加拉瓜瀑布映照成一片藍。
種種偶然成就的奇蹟體驗。

　　我跟曾以安親保母身分寄居的美國住宿家庭久別重逢，一起同遊尼加拉瓜瀑布。沒想到偶然走進的披薩店裡、跟路人偶然聊起的話題，竟然會帶來這麼美好的時間。

睜開眼，窗外就是在朝霞下閃耀的尼加拉瓜瀑布。

　　多麼美好的開始！

　　搭上巴士，巡遊尼加拉瓜小鎮。從摩天塔望去的兩條瀑布令人震撼!! 位於國境的彩虹橋，還有可愛的街景，全都讓我眼睛一亮。

　　看著流入瀑布的彩虹，在瀑布後沐浴於水沫中，學習尼加拉瓜的歷史，觀賞魔術秀。

　　如此充實的一天中，最讓我感動的就是拜訪燈塔的時刻。

　　前一天晚上，我們在飯店附近的披薩店等座位時，店經理上前來，聊了一會兒後他說：「明天要不要送披薩去燈塔？」我隨口答應了，隔天，我領了披

薩前往燈塔。

「我送披薩來了！」

「謝謝，既然來了，要不要玩一下再走？」

他竟然讓我參觀可以在尼加拉瓜打燈的地方。

我看著隨著爺爺的操作而改變顏色的尼加拉瓜，深深感動，他對我說：「要試試看嗎？」

我們不斷變換著尼加拉瓜的顏色。

世界知名的尼加拉瓜瀑布，就在我的手中染成一整片我最愛的藍色！

看著染成藍色的尼加拉瓜，整個人沉浸在感動和興奮中。

如果沒有和住宿家庭一起出遊。

如果晚餐沒有選擇吃披薩。

如果沒有在披薩店等位子。

如果我拒絕了店經理的提議……

許多偶然重疊，帶來這次珍貴的體驗。

跟住宿家庭的寶貴旅行記憶，又增添了這場奇蹟般的體驗，成為我最棒的一天。

♛PROFILE
姓名：**富士圭子**　　年齡：34歲　　職業：派遣員工

✎ABOUT
國名‧地區：加拿大‧安大略省尼加拉瓜

一天的路線：在飯店房間欣賞黎明的尼加拉瓜→摩天塔→桌岩→瀑布後探險→尼加拉瓜峽谷→蝴蝶保護園區→IMAX劇場→燈塔→魔術表演

旅行種類：跟住宿家庭共同旅行

✈ACCESS
從日本到加拿大的多倫多約12小時，從多倫多到尼加拉瓜2小時。

「這裡沒有一個人在趕時間。」
令人懷念的舒適。在喜馬拉雅山麓小村子體驗到的
神奇幸福感。

「在尼泊爾的博克拉，可以看見很美的喜馬拉雅山喔。」聽到別人這麼告訴我，我來到這個地方，本來打算悠悠哉哉地度過。但是，每個遇見的人都對我説，「既然都來到博克拉，為什麼不去健行呢？」聽著聽著，我竟然不知不覺中報名了三天兩夜的健行之旅。

聽人説穿涼鞋也能走，所以我隨興地報名參加，事實證明這是個錯誤的決定。

我們不斷走在山路上。一路上無言地埋頭走著，來到山中的小村子。結果，在這個村子裡度過的一天，成為對我來説最棒的一天。

村子裡一天只有幾個小時有電可用。突然停電了。

第一次停電的瞬間，會覺得焦躁不安的一定只有我一個，所有旅宿的員工都很享受似的，一邊微笑一邊在蠟燭燈光下做飯。沖完澡走到屋外，看見一整片星星幾乎要墜落的夜空。

我發現，正是因為停電，才能這麼清楚地看到星星。

走在村子裡，每個迎面而來的人都露出笑臉跟我打招呼。

即使語言不通，小孩子也會靠上來。

沒有任何人著急趕路。

這裡的空氣帶著懷舊感，令人覺得很舒服。

在這個說不上方便村裡的一天，讓我感覺到無可言喻的幸福感。

跟事事方便的日本，完全相反的生活。

但是這個喜馬拉雅山麓的小村子裡，每個人都展露著笑臉。

出門旅行，接觸跟日本完全不同的生活，讓我的價值觀重新歸零。

我因美景而感動、享用美食，有過無數美好的回憶。

但是這種第一次感受的不可思議幸福感，卻給我留下強烈的印象。

👑 **PROFILE**
　　姓名：**北浦真理**　　年齡：31歲　　職業：藥劑師

✍ **ABOUT**
　　國名・地區：尼泊爾・博克拉（Pokhara）
　　一天的路線：博克拉→山間健行→抵達村子→閒晃→住宿
　　旅行種類：跟朋友兩人旅行

✈ **ACCESS**
　　從日本到泰國的曼谷、尼泊爾的加德滿都轉機，抵達博克拉。從日本到曼谷約6小
　　時30分鐘，從曼谷到加德滿都約3小時30分鐘，從加德滿都到博克拉約30分鐘。

踏遍卡帕多細亞的鄉下小鎮
～盛夏的一天～

石灰岩壁，人工挖掘出的多個洞穴，
俯瞰眼前巨大高台營造出的異國風情。

　　進公司後第二年，第一次請了假，跟東京的同事一起到土耳其旅行。一個人從大阪出發的我早一天抵達當地。主要觀光景點計畫跟朋友一起去參觀，所以我決定到從飯店所在的內夫謝希爾（Nevsehir）搭巴士約二十分鐘左右的小鄉鎮於爾居普（Urgup）去走走。

　　雖然是觀光旺季，但路上幾乎沒有遊客，時間在這裡緩慢地流動著。我被一股香氣吸引到旁邊的小巷裡，原來是鎮上的婦女們正在烤派。我忍不住點了一個，在選購的時候試圖跟她們溝通，沒想到意氣相投，對方邀我一起吃早餐，還請我喝奶茶。這是讓我感受到土耳其人溫暖的一面。

　　跟她們告別後，我朝著鎮上最高的高台開始前進。我欣賞著途中兩旁的許多石灰岩壁上人工挖出的洞，以高台為目標。山頂附近聚集了許多賣陶壺之類的禮品店，但是沒看到店員。一來到高台我馬上衝進商店，買了類似檸檬水的飲料，在樹蔭下一口氣喝乾。休息片刻後，欣賞著眼前的異國風情，翻看著旅遊書尋找下一個目的地。

玫瑰谷（Rose Valley）──我把這個最適合欣賞夕陽的地方作為最終目的地，搭上了巴士。不過，我明明告訴過司機，「請帶我到玫瑰谷」，他卻在目的地附近的幹道旁讓我下車。說是路線不同，叫我用走的。

　　全長大概有五公里吧，我束手無策地遠望著目的地，為了防止乾渴脫水，到附近的商店買水，以備這趟長途旅行之用。

　　也不知走了多久，道路兩旁偶爾可以看到不知是野生還是人工種植的西瓜和葡萄，我跟心裡想偷嚐的衝動格鬥著，走向眼前粉紅色的岩山。

　　抵達的時候剛好水也喝光了，我毫不猶豫地買了EFES啤酒，灌入體內。

　　感受著酣暢的疲憊和微醺眺望的夕陽，顯得分外不同，只有一個人旅行，才能體會如此自由隨興的一天。

👑**PROFILE**
姓名：**王威（Wang Wei）**　　年齡：27歲
　　　　　　　　　　　　　　職業：上班族

✎**ABOUT**
國名・地區：土耳其・格雷梅國家公園（Goreme National Park）周邊
一天的路線：在內夫謝希爾飯店辦理入住手續→搭上巴士來到鄰鎮於爾居普散步→到玫瑰谷探險／欣賞夕陽
旅行種類：跟同事旅行

✈**ACCESS**
從日本到土耳其的伊斯坦堡轉機，抵達內夫謝希爾。從日本到伊斯坦堡約12小時，從伊斯坦堡到內夫謝希爾約1小時15分鐘。

「山谷下的風景，只有走過的人才能看得到。」
來回二十公里的健行帶來了大峽谷的雄偉風景。

早上五點多，睜開眼就聽到雨聲。今天是**我期待已久、唯一能在大峽谷度過的一天。**

老實說，我心裡不免覺得「為什麼偏偏在今天下雨呢」？

我一邊期待雨停，一邊準備午餐。

跟旅遊團成員一起去看朝陽，但是因為下雨並沒有看見。

我抱著沮喪的心情來到咖啡館，其他團體旅遊成員因為下雨紛紛改變計畫。那天我的計畫是走當天來回路線中最辛苦的一條、來回二十公里的天使步道。**難得來到這裡，我不想因為雨而放棄。**

猶豫了一會兒之後，我告訴領隊自己決定去健行。

大家聽了都覺得很驚訝，但我還是決定一個人去。

搭乘巴士來到步道入口時，雨已經停了。

首先是去程的十公里。我從山谷上方一路往下走。這條路線很特別，去程

是下坡、回程是上坡。我必須趕在天黑前回來，所以急忙往下走。

這裡的景色遠比我想像中還要美，從山谷上看的景色和從下看的景色截然不同。山谷下方的景色只有去過的人才能看見。

眼前的景色實在太雄偉，我忍不住想，「**我真的配走在這麼美妙的地方裡嗎？**」走過觀景點（Plateau Point）後，又開始走。

結果我回到露營場時已經過了兩點。

走路本身並不輕鬆。

當天回去後，我的左膝痛到無法彎曲。但是我覺得好高興，又看到令人感動的美麗景色。

我很慶幸當時決定一個人也要去。

為了還沒有定數的未來而限制自己的行動，未免太可惜。

這次或許可以歸咎於雨而放棄。

但是，**一定有些東西，是唯有選擇「走向」自己的道路才能獲得的。**

這一天是我能夠做出自己選擇，人生中最棒的一天。

♕PROFILE
姓名：**金子素直**　　年齡：23歲　　職業：上班族
HP：http://aeollanharp.jimdo.com/

✎ABOUT
國名‧地區：美國‧大峽谷
一天的路線：大峽谷內的露營場→看朝陽→在咖啡廳吃早餐→搭公車到天使步道入
　　　　　　口→觀景點→回露營場→看夕陽→打保齡球
旅行種類：多國籍旅行（Trek America）

✈ACCESS
從日本到美國洛杉磯轉機，到拉斯維加斯。從日本到洛杉磯約10小時，從洛杉磯到
拉斯維加斯約1小時15分，從拉斯維加斯到大峽谷開車約6小時。

藍、白、粉紅。在耀眼燦爛的「戀人之島」上度過的幸福。藍白鮮明、宛如天堂般的島，聖托里尼。

知道筆記本封面上這座島的名字是在我踏上旅程不久前的事。旅行的主題曲是老套的〈Mama mia〉。以愛琴海為舞台的這部電影，搭配著ABBA的歌曲，從頭到尾都晶亮動人。我便是受到這晶亮的吸引來到這裡。暈船又有何懼。

這裡並沒有辜負我的期待。

光是望著海、吹著風，就讓我覺得好幸福。

沒有看地圖，自己隨意亂走，甘願迷路。

處處盛開的深粉紅色花朵，搭配著藍白色的建築物，精采地點綴著島上風景。

在火山島上感受地球的鼓動，在世界最美的夕陽景色下馳騁思緒，在從地平線延伸到天頂滿是星星的夜空下，嘆息無數次。

戀人之島，果真名副其實。

一瞬間陷入愛河，又成為回憶的你。

現在過得如何呢？

就讓回憶永遠是回憶。

永保回憶的美麗吧。

♔PROFILE
姓名：**伊丹沙友里**　　年齡：24歲　　職業：卜班族

✍ABOUT
國名・地區：希臘・聖托里尼島（Santorini）

一天的路線：從提拉島（Thira）的舊港口（Old port）出海，前往火山島。→攀爬
充滿硫磺味的火山島→途經溫泉→回港，乘坐隨興的驢子計程車回提拉
島。→搭巴士到依亞（Oia），沉醉在依亞的夕陽、星空、夜景當中。

旅行種類：一個人旅行

✈ACCESS
從日本到法國巴黎、希臘的雅典轉機，抵達聖托里尼島。從日本到巴黎約12小時30
分鐘，從巴黎到雅典約3小時15分鐘，從雅典到聖托里尼島約50分鐘。

如同身在海底般的神祕感覺。讓人想繼續迷失其中、溫柔滿溢的藍色迷宮。

「摩洛哥有一個滿眼藍色的小村子。」知道這件事後我馬上決定前往摩洛哥。

從菲斯（Fez）搭上巴士，在將近五個小時的山路上一路搖晃，來到山中的小村落舍夫沙萬。遠離菲斯的喧囂，這個平和寧靜的小村子讓我鬆了一口氣。

從村中的小廣場呈放射狀延伸的小道，每一條都像迷宮般複雜。

我沒看地圖開始走，眼前是一片滿滿的藍色世界。

塗了好幾層、帶著渾圓線條的建築物，讓人感受到宛如身在海底般的不可思議和神祕氣息。

我漫無目的地走在藍色迷宮中，突然**遇見一位身穿尖帽斗篷的魔術師。**

他面無表情地走過，消失在藍色的彼端。

入夜了，我繼續走向迷宮前方的公共澡堂。

當然，這樣是沒辦法抵達目的地的，我詢問路上遇到的人們，走往他們指引的方向，終於抵達。在公共澡堂裡我被卸下黑披風、美麗動人的女性們深深吸引了目光。不懂得禮儀規矩的我，來作客的女性們親切又耐心地用動作手勢示範給我看。

我對她們說聲「Shukran（譯註：阿拉伯語中謝謝的意思。）」，她們都害羞地笑了。

回程的路上也受到魔術師和孩子們的幫助，讓我能以幸福的心情走在藍色迷宮中。

這是讓我只想永遠迷失在這溫暖村子中的一天。

♛**PROFILE**

姓名：**宮崎貴代**　　年齡：34歲　　職業：上班族

🖋**ABOUT**

國名·地區：摩洛哥·舍夫沙萬（Chefchaouen）

一天的路線：菲斯→搭巴士越過好幾座山，來到位於山岳地區的祕境舍夫沙萬。→迷失在小村子裡→晚餐是便宜又好吃的摩洛哥料理→喝杯甘甜的薄荷茶稍事休息→挑戰公共澡堂

旅行種類：一個人旅行

✈**ACCESS**

從日本到阿拉伯聯合大公國的杜拜，抵達摩洛哥的達爾貝達。從日本到杜拜約11小時，從杜拜到達爾貝達約8小時，從達爾貝達到舍夫沙萬搭車約6小時。

世界第五小、世界最老的共和國。
從聖馬利諾城外眺望的雲海。

「說不定，這會是我最後能旅行的機會。」

……聽到我人生中的恩人（78歲）這麼說，為了讓他開心，我問道：「有沒有什麼想去的地方、想看的東西？」因而計畫了這趟埃及和歐洲周遊之旅，兩個月內環遊了二十一國。

離開日本一個半月，旅行進入尾聲。

位於義大利中世界第五小的國聖馬利諾共和國，是這一天的目的地。聖馬利諾是世界最老的共和國，有一千七百年的歷史，也是這趟旅行的第二十個國家！

我們在這裡遇見了難得的美景。

早晨從佛羅倫斯出發，前往下個旅行的據點波隆納（Bologna）。我們在車站內的小店裡享用了一杯濃縮咖啡。入境隨俗，也跟當地人一樣點了可頌麵包，在濃縮咖啡裡加了砂糖，一口氣喝乾。當然，我的恩人也一樣。

從波隆納轉乘火車、巴士，來到被城牆包圍的聖馬利諾。穿過城門，慢慢爬上坡道，一邊走一邊將街景烙印在眼底，盡情享受。

終於來到標高七百五十公尺處，俯瞰城外風景，這時周圍被一整片雲海籠罩。

就好比在雲上世界般虛幻，令人屏息的景色。

我們沒有交談，只是靜靜看著這景色。

隨著時間經過，太陽開始落下，呈現跟剛剛不同的景色。

十一月是幾乎沒有觀光客的時期，在一片寂靜的市廳舍前看見的沉入雲海美麗夕陽，我久久無法忘懷。

坐在長凳上，我們看到忘了時間。

包含這趟旅行在內，這是目前為止旅行過約四十個國家的經歷中，最令人驚嘆的風景。

現在一閉起眼，都還能鮮明地浮現當時的光景，那寧靜、風聲、味道，成為我此生無比強烈、長留心中的景色。當然，平安走完這兩個月旅程的恩師心中，也還清楚記得當時的絕景。

👑PROFILE
姓名：**太光昭**　　年齡：38歲　　職業：自由工作者

✉ABOUT
國名・地區：聖馬利諾共和國

一天的路線：佛羅倫斯→波隆納（在車站吃早餐）→利米尼（Rimini）（換乘巴士）→聖馬利諾→利米尼（換乘巴士：火車誤點）→波隆納

旅行種類：與恩師同遊

✈ACCESS
從日本到義大利的羅馬約12小時40分鐘，從羅馬到波隆納搭電車約2小時，波隆納到聖馬利諾共和國車程約1小時30分鐘。

緬甸的深綠色當中，如春筍般聳立的無數佛塔。

我有個朋友是住在日本的緬甸人，為了拜訪他的家人，我踏上蒲甘之旅。

清晨起身，搭上朋友妹婿太格先生自豪的卡車（NISSAN製）出發！

我們先到附近小攤去填飽肚子。在這裡吃的魚湯米線（在磨碎鯰魚等熬成的高湯中加米線）實在太美味，忍不住吃了三碗。

離開小攤時，遇到托鉢僧旅。

融入土色街景的法衣，在清晨喧囂的對比之下，僧侶們沉穩的表情更顯出莊嚴的氣氛。

用餐後開車到蒲甘。

蒲甘有很豐富的遺跡、動物以及自然景觀，不管往車窗的哪一處望去，都毫不生厭。走了二十分鐘左右，我們將車子停在某一處遺跡前。

沿著昏暗的階梯，拾級走上約二十公尺高的遺跡，眼前可以看到數不盡的無數佛塔位於深綠色風景中，就像是竹筍一樣。一個一個露出紅褐色的頭來。

「多奇妙的風景啊！」

無邊延伸的風景，讓我們陷入一種遠近感已然麻痺的感覺中。

在之後拜訪的遺跡裡，我們巧遇精通亞洲文化的朋友曾經推薦過的攝影師！

蒲甘蒙蒙是一位偉大的攝影師，這位實力派攝影師的新聞攝影作品曾在世界規模的比賽中獲獎。我買了攝影集，還請他簽了名！沒想到能夠見到本人，真是太幸運了！

之後，我跟朋友一家一起出門參加祭典。

抵達會場後，在爆裂聲中、雜沓人潮中，大家像扛轎般扛起紙做的紙糊偶，掀起祭典高潮。

在一個接一個的紙糊偶流動中，也出現身穿可愛服裝的少女們乘坐的紙糊。

祭典真是愉快。

不知不覺中，大家的笑臉也讓我的表情露出笑容。

太格先生在這一天的最後，帶我們到最高的遺跡去。

在那裡欣賞了蒲甘的日落和泛藍滿月。

浮現在月光下的筍子，是如此夢幻的風景。

疊合了許多巧合，交織成這最棒的一天。

♛PROFILE
姓名：**北浦康成**　　年齡：33歲　　職業：IT業

HP：「Over the Border」http://overtheborder.lomo.jp/

🖊ABOUT
國名‧地區：緬甸‧蒲甘

一天的路線：從梅如卡（Merzouga）的飯店搭駱駝移動→在撒哈拉沙漠的帳篷過
　　　　　　一夜，早上搭太格先生的車到蒲甘觀光→早餐在魚湯米線的小攤→遇
　　　　　　見托缽僧侶→蒲甘遺跡觀光→巧遇蒲甘蒙蒙→參加祭典→在遺跡欣賞
　　　　　　日落、月升。

旅行種類：和朋友旅行

✈ACCESS
從日本到泰國曼谷、緬甸的仰光轉機，抵達蒲甘。從日本到曼谷約6小時30分鐘，
從曼谷到仰光約1小時15分鐘，仰光到蒲甘約1小時。

從亞德里亞海吹來的舒適涼風。樹蔭下的午睡。映照在夕陽下的橙色街景。時間慢慢流動的小島假日。

從杜布羅夫尼克搭巴士到科爾丘拉島。

跟擠滿觀光客的杜布羅夫尼克不同，這裡的人三三兩兩，時間也流動得極緩慢。

坐在廣場草地上啃著三明治。把背包當枕頭躺在樹蔭下，亞德里亞海吹來的舒適涼風撫在臉頰上，打盹片刻。

接著，我在小鎮上散步，這裡的大小只消一小時左右就能走遍。我被狹窄的石板巷弄吸引走進，我看見隧道，看見窗口垂吊下精心照料的花花草草，看見老舊的木桌，大概是街坊閒聊時用的吧。

就像走入童話世界裡一樣。

散步後流了滿身汗，需要冷卻一下。沿著城牆走下階梯，就可以泅泳在又深又清澈的亞德里亞海中。看看陽光燦爛的海中，正有許多魚群優游自得地游著泳。

我時而混進魚群中游泳、時而邊讀書邊做日光浴。太陽光溫暖地包裹起我被海水浸得冰涼的身體。

之後，我走進海邊的咖啡館，逛逛路邊小店，享受這慢慢流動的時間。

太陽漸漸西沉，我走向小鎮邊郊的海岸，從那裡可以一眼望盡包圍小鎮中央尖塔而建的白色石造房屋。在長凳上坐下，望著在海邊嬉戲的孩子們，看著整個小鎮在夕陽照耀下漸漸染成橙橘色。

「來這裡真好。」聽到我這麼說，身邊的她回了我一個美麗的笑臉。

這就是我最棒的一天。

♛**PROFILE**
姓名：**松本大範**　　年齡：30歲　　職業：上班族
HP：「drops　旅行社攝影師和料理研究家，夫婦環遊世界的奇蹟 」
http://drops-travel.com/

✍**ABOUT**
國名・地區：克羅埃西亞・科爾丘拉島
一天的路線：杜布羅夫尼克→科爾丘拉島→在還留有石板路的小鎮散步→亞德里亞
　　　　　　海海水浴、浮潛。→逛海邊的咖啡館、小攤。→欣賞夕陽
旅行種類：夫妻旅行

✈**ACCESS**
從日本到義大利的羅馬轉機，抵達克羅埃西亞的杜布羅夫尼克。從日本到羅馬約12
小時40分鐘，從羅馬抵達杜布羅夫尼克約1小時15分鐘，從杜布羅夫尼克到科爾丘
拉島搭高速船約2小時30分鐘。

街上響遍雷鬼音樂。蔚藍透明的海水。沉入水平線的夕陽。夢想成真的憧憬之地，加勒比樂園。

「參加雷鬼發祥地牙買加道地的雷鬼音樂祭。」這就是我的夢想。

另一個夢想是「環遊世界」。當我知道和平之船可以一次實現這兩個夢想時，馬上辭去工作報名參加。加入志工制度，張貼和平之船的海報，就可以享有船費折扣，於是我在三個月內貼了三千張，開始這趟一石二鳥之旅。

環遊亞洲、中東、歐洲，船終於航行到加勒比海上，來到我憧憬的牙買加。

船一到岸，我馬上和旅程中認識的夥伴一起搭上巴士，來到市中心。我們馬上買了畫著鮑伯·馬利頭像的T恤換上，拿著 $1 啤酒走在街上，耳邊傳來的當然都是雷鬼音樂。不管走到城市裡的哪一個地方，都可以不間斷地聽到，其實這是有原因的。

因為有位留著一頭雷鬼燙的牙買加大叔扛著一台擴音機到處來回走著。

下午我們到海邊去。在那裡等待我們的，是跟「加勒比樂園」這個名稱名副其實的蔚藍大海。

我甚至忘記換海灘褲，就穿著牛仔褲直接跳入海中!!

我睜開眼睛，想感受澄澈的海水，結果不斷跳入海中的夥伴們把海水潑濺到我眼睛裡，太讚了。

瘋狂胡鬧了一番，也喝了滿肚子海水後，前往道地的雷鬼音樂祭。

會場旁邊是美得令人難以置信的大海，一手拿著當地產的酒，陶醉於正宗雷鬼歌手的歌聲中。我的身邊是牙買加人以及旅行中認識的夥伴，還有一起努力貼海報的戰友，大家都露出最燦爛的笑臉跳著舞。

這空前絕後的幸福情境迎來了高潮，那就是夕陽沉入水平線的瞬間。

我入神地望著這出奇的美景，夥伴上前搭著我的肩。

「夕陽西沉，就表示日本正旭日東升，展開新的一天呢。既然已經來到地球另一邊，不管怎麼回去我們都環繞了世界一周!!我們一起實現了夢想呢!!」

這句話代表了一切。

在夢想之地，最棒的音樂、最棒的酒，還有最棒的夥伴一起實現夢想的一天。

擁有一切的一天。

這無疑是我最棒的一天。

♕PROFILE
姓名：**新井博文**　　年齡：25歲　　職業：NGO職員

✍ABOUT

國名‧地區：牙買加‧蒙特哥灣
一天的路線：進入蒙特哥灣港口→在市中心漫步→跟夥伴在海邊嬉鬧→參加當地雷鬼音樂祭
旅行種類：和平之船　環遊地球

✈ACCESS
從日本到美國兩個城市轉機，抵達牙買加的蒙特哥灣。去程合計飛行時間約16小時，從機場到市中心車程約30分鐘。

「我一定要去看看這些動物！」
經過獨特進化過程，只能在這裡觀賞的生物天堂。

國中時第一次在電視上看到的奇妙動物──鬣蜥。

其實我並沒有特別「喜歡爬蟲類」，但是看了之後感到很大的衝擊，暗自在內心決定，**「總有一天一定要去看看這些動物！」**

在那之後不知過了幾年幾月，終於等到實現夢想的時刻。那就是加拉巴哥群島。

幾乎位於地球另一端的這些小島，是有許多世界上其他地方看不到的原生種在此生長的完全保護區。**一聽到「只有在這裡才看得到」的限制，人的興致不免更高昂，我也帶著雀躍期待的心情，看準六月繁殖期，來到加拉巴哥群島。**

歷經千辛萬苦，我終於拿到通往北西摩島（North Seymour）的門票，迎接人生中最棒的一天。

早上巴士來迎接，先開到我投宿的聖克魯茲島（Santa Cruz Island）北側兜風。從那裡搭15分鐘左右的船，眼前的島就是北西摩島。這個小到甚至可以步行環繞一周的小島，卻充滿了遠遠超乎我期待的豐富光景。

不愧是完全受到保護的島，**這裡的動物們一點也不怕人。**

拿起相機對準牠們時，甚至像在大方擺姿勢。

牠們的祖先一定沒有告訴過牠們：「人類很危險！要小心！」

這也難怪。因為牠們正是被這最大的敵人「人類」所保護著啊。對動物來說，這裡真的是個樂園。

在這裡跟恐懼或緊張完全無緣，處處洋溢著閒靜慵懶的空氣，愜意極了。

在這樂園裡叨擾一天，不只見到我心心念念的鬣蜥，還看到只在這個時期才會鼓脹起鮮紅色胸部的麗色軍艦鳥和藍腳鰹鳥的貴重求愛舞，以及從蛋到成鳥的全部過程，這一天對我來說，簡直就是身處樂園般最棒的一天。

♔PROFILE
姓名：橋本紗也佳　年齡：31歲　職業：事務工作
HP：http://blog.goo.ne.jp/saya88tees

✍ABOUT
國名‧地區：厄瓜多爾‧加拉巴哥群島
一天的路線：聖克魯茲島→北西摩島→聖克魯茲島
旅行種類：一個人環遊世界

✈ACCESS
從日本到美國休士頓、厄瓜多爾的基多轉機，抵達聖克魯茲島。從日本到休士頓約
11小時50分鐘，從休士頓到基多約3小時，從基多到聖克魯茲島約3小時。

「在瓦拉納西為了死去而活著。」
喧囂中的安穩，與寂靜相去甚遠的恆河神祕日常。

環遊世界的第四個國家，印度。在印度的夏季尾聲十月底，我抵達了最期待的「聖地」瓦拉納西。我很想親眼看一次對恆河獻上祈禱的人們，一大早就前往河邊。

早上六點。一到日出時分，人們就慢慢聚集，靜靜地開始各自浸入河水中。每個人都以自己的方式在此沐浴淨身。平常吵鬧無比的這條街，現在相當安靜。這時候拍下的一位老人背影，是我環遊世界當中最喜歡的一張照片。

中午的恆河人摩肩接踵，非常吵鬧。在這當中，我不管那些拉客或推銷的攤商逕自坐下來，觀察印度人生活一景。用手指刷牙的少女、正在洗衣的太太、用肥皂洗身體的小哥。附近有幾個爺爺並排著，我走近一看，原來有刮鬍店，我在旁開心地欣賞著那刮鬍爺爺的手藝。

一個印度人不斷對一直呆坐著的我搭話，還硬是在我額頭上留下一個紅色的印記，要我跟他一起對著恆河合掌。這一天，我只是坐在河畔，但卻覺得很幸福。

傍晚的恆河每天都會盛大舉辦祈禱儀式（Puja）。幾百人在燈光照明下祈禱。鐘聲響起、祈禱聲變大。

這是個完全稱不上寂靜，但卻神祕無比的世界。

印度人很隨便、很囉唆、很纏人。但他們信仰神，具有能跟神連接的安靜心靈。

就連骯髒的恆河看來也顯得乾淨了。

這裡並不安靜，但卻有著不可思議的安穩。

「在瓦拉納西為了死去而活著。」

滿臉笑容的爺爺為我在恆河的一天，做了這樣的結尾。

♛PROFILE
姓名：**藤原瑠衣**　　年齡：22歲　　職業：學生

✍ABOUT
國名・地區：印度・瓦拉納西
一天的路線：瓦拉納西・主要浴場附近
旅行種類：環遊世界

✈ACCESS
從日本到印度的德里轉機，抵達瓦拉納西。從日本到德里約9小時，從德里到瓦拉納西約1小時30分鐘。

「天堂就在自己心中。幸福是由自己的心決定的。」
白沙和藍海的美。在離天堂最近的島上度過的生日。

「離天堂最近的島。」

雖然沒在小說中讀過、也沒在電影裡看過，但是我卻聽過這種說法。

某一年的生日，我決定到新喀里多尼亞旅行。其實並不是故意耍浪漫到新喀里多尼亞慶祝生日，而是因為只有這個時期公司才能請假（笑）。

抵達新喀里多尼亞的第三天，終於要前往距離天堂最近的島——瓦利斯群島。

搭上這小型螺旋槳飛機稍微需要一點勇氣，我跟身穿五顏六色寬鬆連身裙的當地人一起搭上。

大約30分鐘左右，我們抵達瓦利斯群島。搭上前來迎接的車，先前往飯店。

這條路兩旁可以看到白沙和藍海！

我曾經聽說，遊遍世界的旅人們最後還是會回到沖繩的海邊，我原本心想，或許真是如此吧，但這裡卻讓我興奮地推翻了這種想法。

不管到哪裡，都不斷延伸的白沙和藍海。

那是一種喚醒我心底深處清新、溫暖感覺的美。

結束在島上的觀光後，接著是飯店的午餐時間。

在樹蔭下涼風吹拂中，只聽著穩定的波聲。

沐浴在太陽光下，水面就像鑽石般閃閃發亮。

望著水面，我突然有種不知道自己身在何處的奇妙感覺。

天堂就在自己心中。幸福是由自己的心決定的。

增長了一歲的同時，我心裡這麼想著。

這不尋常的美讓我無法忍耐，雖說這裡終年如夏，我還是一躍跳進這屬於冬季、有點冰冷的海中，再次搭乘螺旋槳飛機回本島。

這就是我在離天堂最近的島上度過的最棒的一天。

♛PROFILE
姓名：**田村瑞穗**　　年齡：35歲　　職業：自由業

部落格：「跳出框架、踏上世界之旅！」http://ameblo.jp/sparklingjourney/

✍ABOUT
國名‧地區：新喀里多尼亞‧瓦利斯群島

一天的路線：努美阿（Noumﾞa）（大特里島（Grande Terre））→瓦利斯群島→
　　　　　　努美阿

旅行種類：與好友同遊

✈ACCESS
從日本到新喀里多尼亞的努美阿轉機，抵達瓦利斯群島。從日本到努美阿約8小時
30分鐘，從努美阿到瓦利斯群島約30分鐘。

「再也看不見同一張笑臉。」
滿天星空和滿臉笑容。在大地之母西非體驗的最大奇蹟。

來到西非已經過了兩個月。

在多貢族的村落裡，我遇見殞石從滿天星空掉落的瞬間。

這是奇蹟。

讓我全身顫抖、太過神祕，忍不住落淚。

人生中第一次有這種感覺。Amazing！讚！太棒了！

在當地人家中生活、工作當中，被許多的愛、溫柔，自己的東西都可以分享的精神給打動。

大地之母！不愧是非洲！

這趟嚴酷又魯莽的旅行明天即將結束。

來到非洲機場的那天，因為太過害怕，我一步也不敢動，在機場露宿。

雖然同樣是人，只因為膚色和語言都不同，就讓我心中充滿恐懼。

事到如今才想回家，我陷入一種無比惆悵的心情。

跟mika（同行的朋友）一起在河邊散步。

雖然已經習慣街上的風景，但看到生活在軍營裡的人，還是令我印象深刻。

孩子們警戒地看著這裡。

一個看似孩子王的男孩子上前對我說話，我們用肢體語言和表情拚命地溝通。

過了一會兒，大家都聚集過來，連害羞的女孩們也聚集過來圍成一圈。

大家玩著SMILE Game。

一開始覷腆僵硬的笑臉，也漸漸變得自然，包圍在滿臉笑容中。

通了！Yeah！實在太happy了！

我看遍許多能擄獲人心的美麗景色和建築物、美味食物、一流藝術，可是沒有東西能夠勝過笑容。

再也看不見同一張笑臉。
這就是最大的奇蹟吧。

Don't forget smile.

果然還是不能放棄旅行。

呼呼呼……

♛PROFILE
姓名：**金井元香**　　年齡：31歲　　職業：自營業
部落格：http://ameblo.jp/m--room/

✍ABOUT
國名・地區：馬利・多貢
一天的路線：多貢→搭JEEP回莫柏地（Mopti）→在非洲人和法國人的合租屋休息
　　　　　　→參加一場偶然遇見的婚禮→沿著河川去看夕陽
旅行種類：與友人同遊

✈ACCESS
從日本到法國巴黎轉機，抵達馬利的巴馬科（Bamako）。從日本到巴黎約12
小時30分鐘，從巴黎到巴馬科約6小時。從巴馬科開車到多貢族居住的邦貢加拉
（Bandiagara），途中在塞瓦雷（Sevare）過一晚。從巴馬科到塞瓦雷約9小
時，從塞瓦雷到邦貢加拉約2小時。

徘徊在異世界的感覺。標高四千公尺，在西藏最大的僧院感受到的衝擊和感動。

某一天，我入迷地看著部落格上介紹的東西藏照片。

這時候，我的願望從「總有一天要環遊世界」，轉為「為了去東西藏而環遊世界」。

終於實現願望，出門環遊世界一個月，我前往東西藏。

目的地是五明佛學院。西藏最大的僧院，居民的九成以上都是西藏僧侶。

沒鋪柏油的道路上，換成了好幾台共乘巴士，前往目的地。

花了好幾天後終於抵達。下車的瞬間，我的目光就被這僧院奪走。

除了我以外沒有觀光客。環視周圍只有身穿袈裟的僧侶。

我沉浸在一種迷失在異世界中的感覺。

這僧院形成於山間的山谷。

我想站在山上俯瞰僧院，爬上了坡道。

標高四千公尺，我馬上喘不過氣來。

好不容易爬到山頂，一回頭，眼前展開一片絕景。

一間一間的僧房樸素又狹小，但整體房屋看來鮮艷又美麗。忘我地按下相機快門。打從心裡覺得，費了一番辛苦來到這裡一切都值得了。

西藏族很平靜友善地迎接日本人。

雖然英文和日文都不通，但是只要稍微筆談，或者看了照片，就馬上能變成好友。

往後的旅程中，我依然會繼續追求世界知名的景色，但是我想，應該沒有其他地方能勝過五明佛學院。

這趟旅行我最想去的地方，也是這趟旅行中令我印象最深刻的地方。

在這裡所見、所聽、所感，我想今後我永遠都不會忘記。

我所受的衝擊和感動就是這麼大。

這是我最棒的一天。

♛PROFILE
姓名：**櫻井利通**　　年齡：28歲　　職業：Travel Photographer

✒ABOUT
國名・地區：中國・東西藏

一天的路線：5：30AM來到馬爾康的巴士站→6：00AM搭共乘計程車往色達出發
→12：00PM抵達色達→搭共乘計程車前往五明佛學院→一天在五明
佛學院散步

旅行種類：一個人環遊世界

✈ACCESS
從日本到中國的成都約6小時45分鐘。從成都花兩天搭乘巴士移動。到中繼住宿地點的馬爾康約9小時30分鐘。從馬爾康前往五明佛學院據點色達，約6小時30分鐘。

柬埔寨・暹粒

吳哥窟的一天

雄偉聳立的吳哥窟，讓人起雞皮疙瘩的感動。

前一天晚上，我從曼谷走陸路花了半天來到暹粒這個城市。

目的只有一個，就是親眼看到吳哥窟。

我參加了當地的日文旅遊團。

早上四點半起床去看日出。隨著太陽升起，籠罩在黑暗中的寺院漸漸現身。

接著，迎接我們的是**反射在水面呈上下對稱、雄偉聳立的吳哥窟**。我無法用言語表達內心的感動，但我想，那應該是我人生中第一次感覺到渾身寒毛倒豎般的感動。

之後，一直散步到傍晚，看完觀光行程中最後的日落後，前往巴肯山（Phnom Bakheng）。不過因為天候多雲，看不見太陽，再加上在氣溫四十度當中走了一整天，抵達山頂時疲勞已經抵達頂點。

就在這時候。「那是彩虹嗎??」朋友對我說。

天空的顏色確實像彩虹，不過卻有點異樣。

我們所看到的並不是一道圓弧狀的彩虹，而是雲朵染上了彩虹顏色。

當然，這也是我第一次看見這種彩虹。

我在柬埔寨看到了以往從未見過的氣象現象，簡直是奇蹟。

一天的最後，有這最棒的禮物在等著我。

最後，我想告訴一起走完這趟行程的朋友：這一天讓我深深感受到，一個人旅行並不一定得永遠一個人行動。

有些緣分只有旅行時才能相遇。至少透過這次行程，我知道了一個人旅行或兩人同遊的旅人，也可以像這樣聚集在一起、共享同樣時光的美好。

這一天，還有這種感覺，我一輩子也忘不了。

♔PROFILE
姓名：**大場隆祥**　　年齡：20歲　　職業：大學生

✒ABOUT
國名・地區：柬埔寨・暹粒
一天的路線：欣賞吳哥窟日出→寺院散步→從巴肯山欣賞日落→在夜市吃晚餐
旅行種類：一個人旅行

✈ACCESS
從日本到泰國曼谷轉機，抵達柬埔寨的暹粒。從日本到曼谷約6小時30分鐘，從曼谷到暹粒約1小時。

只是單純因為好吃，而來到這個「美食之都」。在這個烹飪被稱為藝術的城市，度過一段至樂時光。

香榭大道。法國。

環遊世界之旅過半，我來到美食之都里昂。

我只是單純因為好吃，而來到這個「美食之都」。

只是這樣，但卻帶給我最棒的一天。

當時馬卡龍還沒有像現在這樣流行，我看著咖啡廳櫥窗裡排列著五彩繽紛像小人一樣的馬卡龍。超級市場裡的蔬菜們宛如把彩色畫布帶了進來。不管吃幾次都不厭倦、簡單的飲食搭配、法國麵包。

我嘴裡一邊嚼著、一邊看著這些東西，穿過登錄於世界遺產的舊市區，往山丘上的旅宿前進。到了之後先辦好入住手續。接著我放下行李，詢問關於這個城市的情報。

這裡果然有不少人是為了食物而來。我跟在旅宿相識、為了讓乳酪廣傳於世界而旅行的人，一起到里昂的餐廳去。

餐廳光是外觀就已經很吸引人了。即使是小餐館，也有許多放下身段的貴

婦紳士在這裡大啖美食。

知名的里昂沙拉、本日推薦的魚料理，不管白天晚上，我一一去拜訪看來美味的店家。

還有桌上的House Wine。有了美食美酒，再也不需要多餘的話語了吧。

晚餐結束，暢談後在微醺中打道回府，走在夜晚的里昂。

從山丘俯瞰夜晚的街道，是有神靈光線照耀、只剩剪影的街景。

我望著眼前的景色，輕聲說道：「在這裡吹著晚風，真是最棒的享受呢。」

yummy!!

♔PROFILE

姓名：**橋本真俊**　　年齡：27歲　　職業：上班族，從事IT業

HP：「Over the Border」 http://overtheborder.lomo.jp/

✍ABOUT

國名‧地區：法國‧里昂

一天的路線：里昂舊市區→在美麗的街頭餐廳吃午餐→市區散步→晚上享用紅酒晚
餐→回到山丘上的旅宿

旅行種類：一個人環遊世界

✈ACCESS

從日本到法國巴黎約12小時30分鐘，從巴黎到里昂搭電車約2小時。

上坡、下坡、陡坡。
這個滿是坡道的城市，讓我學會人生的教訓。

　　來到大學時代朋友現居的舊金山拜訪，是我第一次一個人旅行。

　　第一次一個人搭飛機、自己擬定旅遊路線。

　　不過，事情並未如同計畫般順利進行，一星期之內竟然只有一天放晴。

　　連日的陰雨，讓我無法離開住宿的市中心。

　　到了第五天，天氣終於放晴，為了把握難得的好天氣，我從早上八點就開始行動。

　　東、西、南、北。我要趁現在逛遍舊金山。

　　可是，跟地圖上所看到的不一樣，**舊金山是一個充滿坡道的城市……或者應該說，除了坡道什麼也沒有。**

　　走完一個上坡馬上接著一道下坡。下到底了又是一個大上坡。以為結束了，眼前又來一個陡急的險坡。不斷重複著這個過程。

　　但是爬完上坡後看見的世界，有時是一片絕美的海景，有時是滿眼綠意，或者可愛街景。我慢慢開始期待，爬完這座坡後，會有什麼樣的景色在等著

我？心中開始雀躍興奮。

爬完這許多上坡下坡，我開始覺得，「其實人生好像也是這樣～」

有上坡、有下坡，雖然阻礙重重，但是克服之後卻能得到很大的感動。

我在舊金山沒有什麼特別活動。

但卻是一場收穫豐碩的旅行。

👑**PROFILE**

姓名：**谷田未萌**　　年齡：21歲　　職業：飛特族

部落格：http://ameblo.jp/0t0m0n

✍**ABOUT**

國名‧地區：美國‧舊金山

一天的路線：市中心→阿拉摩廣場（Alamo Square）→漁人碼頭（Fisherman's Wharf）→聯合廣場（Union Square）→渡輪大廈（Ferry Building）

旅行種類：一個人旅行

✈**ACCESS**

從日本到美國舊金山約9小時30分鐘。

巴別塔崩壞之前人們的姿態。
響遍撒哈拉沙漠，全世界旅人的人聲合唱接力。

非洲大陸最大的沙漠荒野，撒哈拉沙漠。

這一天，我參加了敬拜日出的當地行程。

共計十五名，來自全世界的旅人們駕著廂型車和駱駝，從摩洛哥的馬拉喀什（Marrakech）前往撒哈拉沙漠。

第二天傍晚，抵達撒哈拉沙漠中的帳篷。

吃過晚餐後，導遊柏柏爾族人（Berber）拿起民族樂器表演當地歌謠。

眾人熱鬧了一陣子後，他突然問我：「你會唱Sukiyaki嗎？我來彈，你唱！」

突然對我點起歌來。我記不得歌詞，但是心想，算了，不會的就哼過去吧，於是勇敢地說：「OK！」

可是那柏柏爾族人卻遲遲不演奏。

「喂喂喂，難道要人聲合唱嗎！」我半開玩笑地這麼說，身邊其他的旅人竟開始起鬨：「Yeah!! a cappella！」

看來非唱不可了，其實這正是向全世界介紹日本歌的好機會啊?!

我自以為是日本代表，一個人high了起來，用日文高唱起
〈昂首闊步〉（譯註：坂本九成名曲，原名為〈昂首闊步（上を向いて こう）〉，
在美發行時英文曲名為〈Sukiyaki〉）。

身邊的人自然而然開始打拍子，唱完後一陣拍手喝采！這感覺實在太過癮了！

這時我腦中閃過一個點子。

我對大家建議，**「大家輪流唱一首代表自己國家的歌吧！」**

於是，開始了旅人們的歌唱人聲合唱接力。

除了南極以外所有大陸的人們，都在這小小帳篷中歌唱、歡笑。
不知不覺中，我們早就輕輕鬆鬆跨越了國境。

那時候，我想起聖經裡的巴別塔故事。

人因為觸怒了神，所以被拆散為各種不同語言。

語言被拆散之前的人類，一定也曾像這樣夜夜同聲高歌、同聲歡笑吧。

跟來自世界各地的旅人們在撒哈拉沙漠帳篷中住宿的那一夜，成為我永難
忘懷的回憶。

因為有那一個晚上，我才會深深著迷於旅行的魅力。

在那之後過了兩年，我到南美去拜訪那天晚上一起唱歌的朋友。

這趟旅行讓我學會，比起去哪裡，更重要的是跟誰在
一起。

♛**PROFILE**
姓名：宮島千尋　　年齡：31歲　　職業：上班族

✐**ABOUT**
國名‧地區：摩洛哥‧撒哈拉沙漠
一天的路線：從瓦爾札札特（Ouarzazate）出發搭乘廂型車前往撒哈拉沙漠→途
　　　　　　中參觀柏柏爾地毯工房，順便吃午餐塔吉鍋，真好吃！→抵達撒哈拉
　　　　　　沙漠，從廂型車換乘駱駝，繼續往沙漠深處走→抵達帳篷。吃晚餐，
　　　　　　跟大家一起高歌，直到夜深。
旅行種類：一個人旅行

✈**ACCESS**
從日本到法國巴黎、摩洛哥的達爾貝達轉機抵達瓦爾札札特。從日本到巴黎約14小
時30分鐘，從巴黎到達爾貝達約3小時，從達爾貝達到瓦爾札札特約1小時。

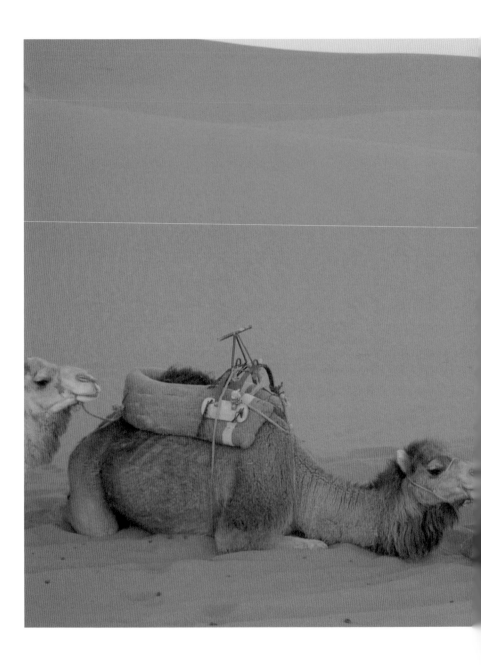

「對我來說，摩艾石像是頂級的可愛人種。」開放又充滿能量的島=拉帕努伊（Rapa Nui）。

在我跟多國旅人一起周遊祕魯、玻利維亞。

當時一起旅行的有澳洲、紐西蘭、英國、丹麥、祕魯的旅人們。

當我們聊起旅人之間必聊的話題「下個目的地是哪裡？」時，我回答「復活島」，其中一個夥伴遞出一本雜誌。

「Just in time to Festival! You are so lucky!!」

剛好在我拜訪的那一週，偶然遇到島上一年一度的「拉帕努伊祭典」。

我心想，這不就是旅行之神對我微笑的瞬間嗎。

我從小就對世界七大不可思議還有莫名其妙的遺跡非常感興趣。

環遊過世界上幾十個國家後，這種興趣依然沒有改變。

對我來說，摩艾石像可說是頂級的可愛人種（笑）。

祭典當中，島民們渾身塗滿彩繪，唱歌、跳舞、遊行，表演舞蹈秀。

男女老少、大人、小孩，甚至嬰兒都參加！我完全被他們吸引住——被這

不斷泉湧的力量，還有大家的笑臉。

旅行途中會遇到吸引自己的人、城市、風景。

而要與這些邂逅，中間夾雜著無數個偶然。

……嗯，不對。

打從一開始，就注定要相遇了吧。

在未知的世界、在該相遇的時候。

曾經有人問我：「復活島除了摩艾石像還有什麼？」

我總是這麼回答：「只要有可愛的摩艾石像就夠了。只要能度過拉帕努伊時間，那就夠了。」

♛PROFILE
姓名：**菱川尚駒**　　年齡：35歲　　職業：Potographer＆世界探險隊（旅行業）

部落格：「PhoTraveLife」http://naokoma76.jugem.jp/

✍ABOUT
國名・地區：智利・復活島

一天的路線：晨光中的摩艾石像～拉帕努伊祭典（遊行等等）～到街上散步～黃昏
　　　　　　的摩艾石像～舞蹈秀（女王爭霸賽等）

旅行種類：一個人旅行

✈ACCESS
從日本到大溪地的帕皮提轉機，抵達智利的復活島。從日本到帕皮提約11小時30分
鐘，從帕皮提到復活島約5小時30分鐘。

「想騎機車跑遍蒙古。」
跟有著相同心願的夥伴，一起度過的新喜悅。

以往都是自己一個人自由隨性旅行的我，之所以參加這趟團體旅行，是因為想要騎機車跑遍我最愛的蒙古。「團體旅行」的旅行形態不適合我，而且要跟素昧平生的人從早到晚一起生活，也讓我覺得痛苦，因此始終敬而遠之。

我曾在春夏秋冬造訪，享受每天騎馬、露營、游牧生活，不過為了以跟以往旅行不同的視線體驗蒙古，我想要**「騎機車跑遍蒙古」**。要實現這個心願，很難單憑一個人的力量，我只好妥協報名了團體旅行的海外行程。

來自日本各地的十人。出生、成長、經驗都完全不同的十人，只有一個共通點，那就是「想騎機車跑遍蒙古」的心意。

這份心意很快就將初次見面的十個人連結在一起。

我們在同一個地方紮營，在同一時間起床，吃同樣的東西，走同樣的路線，看著同樣的星空，分享同樣的感動。

我發現以往如此厭惡的團體行動，也因為「心意相通」而有十倍樂趣。

我在最愛的蒙古不斷放聲大笑。

能在最愛的蒙古騎機車，讓我高興得不知所措，而有了能一起分享喜悅的朋友，比任何事都更值得高興。

「吃同一鍋飯。」

我腦子裡出現這句話，愉快的回憶滿溢出胸口。

今後這十個人之間的牽絆，想必也不會中斷吧，回國的那一天，我感受著大家濃密的情誼，心想，這一天是讓我在旅行人生中感受到全新喜悅，最棒的一天。

👑 **PROFILE**
　姓名：**橫島茜**　　年齡：34歲　　職業：上班族

✏ **ABOUT**
　國名‧地區：蒙古
　一天的路線：蒙古
　旅行種類：一人參加的團體旅行

✈ **ACCESS**
　從日本到蒙古的烏蘭巴托約5小時。

在能量氣旋頂上呼喊愛。

交往三年左右的女友，回到祖國美國後過了半年，我正在煩惱我們的將來，不知往後會有什麼變化。

這時，我決定到塞多納旅行，**出發三天前我鼓起勇氣買了求婚戒指。**

考慮到萬一被拒絕氣氛會很尷尬，所以我決定在旅途後半一決勝負，把戒指藏在背包深處。

我在亞利桑那州的塞多納一邊享受大自然，一邊強裝平靜，其實根本心不在焉，就這樣過了一星期，機會終於來了。

那一天，我們決定攀登四大能量氣旋之一的「大聖堂岩山（Cathedral Rock）」。

雖然有簡單的路標，可以選擇相當自由的路線攀登，但是不僅斜度大，標高又有約一千四百公尺左右，爬得氣喘吁吁。花了一個小時左右爬上山頂，等著我們的一片雄偉壯麗的風景。

據說每年造訪塞多納的觀光客有四百萬人，但是這時山頂一個人都沒有。

「就是現在！」我表情緊張地遞出戒指，在她面前單膝跪下。

於是她很驚訝地用日文回我「什麼～！不會吧?!」，這意料之外的反應讓我止不住笑。之後我認真地用英文求婚。

這名副其實，是我人生中最棒的一天。

👑**PROFILE**
　姓名：**池上耕輔**　　年齡：37歲　　職業：護士

✍**ABOUT**
　國名‧地區：美國‧塞多納（Sedona）
　　一天的路線：從住宿的卡頓（Cottonwood）租車前往塞多納→攀登四大能量氣旋
　　　　　　　　之一的大聖堂岩山→在山頂求婚
　旅行種類：旅行

✈**ACCESS**
　從日本到美國舊金山轉機，到鳳凰城。從日本到舊金山約9小時30分鐘，從舊金山
　到鳳凰城約2小時，從鳳凰城到塞多納車程約2小時。

FLY HIGH!!

以鳥的視線從上空俯瞰歐洲阿爾卑斯山壯闊絕景。

「我愛天空。」

這句話聽來似乎像老生常談，但不斷追尋的我，最後找到了滑翔翼這個答案。

全身乘著風、聽著風聲，以鳥的視線從上空俯瞰眼前絕景的特殊體驗，這在其他地方絕對感受不到。

開始玩滑翔翼以來，我心想，總有一天一定要去歐洲阿爾卑斯飛。

我參加飛行旅行團來到瑞士的因特拉肯這個城市，那一天來到格林德瓦！

一早就是讓人沒得挑剔的大晴天。

起飛處的標高約一千兩百公尺，眼前聳立的是四千公尺左右的山脈。我無法抑制自己雀躍興奮的心情，迅速起飛。

乘著上升氣流，自由地在空中翱翔。眼前是格林德瓦上冰河（Oberer Gletscher）和維特峰（Wetterhorn）、施雷克峰（Schreckhorn）、艾格峰（Eiger），三百六十度的廣大全景。

上升到將近兩千五百公尺左右，轉向艾格峰北壁，這是世界上最奢侈的飛行航路。

剛剛為止的強烈上升氣流彷彿一場夢一樣，進入平穩安靜的時間。

耳邊只聽得到風聲，我看著藍天、冰河、岩壁、腳下的嫩綠牧草地，還有自己身邊夥伴們七彩的滑翔機，在心中大喊：「太讚了！」

即將著陸，妝點著格林德瓦花朵的街景，還有響著牛鈴漫步的牛隻們愈來愈接近。

大約2小時的飛行結束，大家都滿臉笑容，開心地分享剛剛那趟飛行。品嘗過同樣感動的夥伴，也有著同樣的心情。

一個人飛也不錯，但跟夥伴一起飛行的樂趣更豐富。

這世界上還有許多我想飛行的地方。

只要不斷在空中飛行，我想就會有愈來愈多「人生中最棒的一天」。

滑翔翼帶給我的，實在太珍貴了。

👑PROFILE
姓名：**佐藤直子**　　年齡：32歲　　職業：社工人員

⛵ABOUT
國名・地區：瑞士・格林德瓦（Grindelwald）
一天的路線：從因特拉肯搭車前往格林德瓦→換乘纜車，來到名為「佛斯特（First）」的展望台。→享受過滑翔翼後，傍晚回到因特拉肯。→享受瑞士經典乳酪、德國油煎香腸以及美味紅酒等道地瑞士料理。
旅行種類：滑翔翼飛行之旅

✈ACCESS
從日本到德國法蘭克福轉機，抵達瑞士的蘇黎世。從日本到法蘭克福約12小時30分鐘，從法蘭克福到蘇黎世約1小時，從蘇黎世到因特拉肯搭電車約2小時30分鐘。

真摯感受到全世界深愛日本、許多人為日本祈禱的一天。

　　學生們聚集的咖啡廳裡，日本人們都擠在大螢幕電視機前專注地看著BBC新聞。平常嬉鬧玩笑的西方人，也顧慮到我們的心情幾乎沒說話。

　　二〇一一年三月十一日，我人在地中海上的小國馬爾他。

　　沒有一個日本人去上上午的課。我抱著來自氣仙沼的朋友肩膀，自己也哭了。我們呆呆地望著在遙遠地方那宛如噩夢般的影像。到了下午，俄羅斯人尼基塔和德國人朵里納拿著濃縮咖啡朝我們走來，極力開朗地跟我們說話。不管他們說什麼，我們還是提不起精神，但是我想，他們要上前來找我們說話，一定需要一番勇氣。

　　我搭乘那天下午的飛機，前往羅馬旅行。一到住宿處，一個在大廳使用免費電腦的西方人看到我馬上站起來，「給你用，你需要了解訊息吧。」我回答他：「謝謝你，不過我的家人都平安無事，不要緊。」

　　他露出滿臉慈愛的表情看著我。

西斯汀教堂（Sistine Chapel）裡，有一間只有天主教教徒才能進去的祈禱室。我經過那前面，司祭叫住我。「請進去吧。在這裡的祈禱應該可以傳到你的祖國。」

我跟著他，走進那間房間。虔誠的教徒們正在祈禱。

這裡只有我一個東方面孔。我仰望耶穌受難像祈禱。

旅館的櫃檯人員、餐廳的服務生、街上的行人，大家都關心地對我説：「你的家人平安嗎？」、「東京怎麼了？」、「我們正在為日本祈禱。」

遭遇歷史性大災難的那一天，我渾身充滿恐懼，生怕再也回不去日本，必須離鄉背井。可是正因為人在海外，才能直接地感受到全世界對日本的愛和關心，以及許多人為了日本而祈禱。

在那之後兩個星期，我回到路燈全暗、黑漆漆的東京。
那時全世界正以歐洲為中心，復興重建支援的募款活動。

👑**PROFILE**
姓名：**梅本步**　　年齡：24歲　　職業：愛旅行的上班族

✍**ABOUT**
國名‧地區：馬爾他共和國、義大利‧羅馬、梵蒂岡
一天的路線：在馬爾他迎接歷史性的早晨→蹺課和日本朋友一起緊盯著BBC新聞→
　　　　　　搭乘下午班機前往羅馬→到梵蒂岡觀光
旅行種類：留學，一個人旅行

✈**ACCESS**
從日本到義大利的羅馬轉機，抵達馬爾他。從日本到羅馬約13小時，從羅馬到馬爾他約1小時30分鐘。

073 帶著嬰兒一起到宿霧 Home Stay ～大家族一起到海邊～

超越支援和被支援的關係。
跟無可取代的四十位家人一起的小旅行。

學生時代起，丈夫利用一部分打工賺來的錢，捐贈「獎學生制度」。

如果什麼都沒想，這些錢可能會消失在幾次聚餐當中，不過省下來的錢卻可以幫助孩子們上學。

這無意間開始的習慣，卻讓藉此認識的宿霧家族，成為超越「支援」、「被支援者」的關係，提醒我們人生重要價值的珍貴存在。

我們在十年當中，大約到這個家族 Home Stay 超過了十次。

但是這次的旅行很特別，因為這是我們第一次帶著出生半年的女兒出國旅行。有別於做父母的不安，女兒很快就習慣宿霧大家庭照顧寶寶的熟練手法，從早上就開始跟當地的孩子們一起玩，心情始終很好。丈夫和我得以慢慢享用早餐時媽媽做的美味蛋捲和土司。

早餐後，全家一起到海灘去。這裡的全家，也包含結婚後有自己子女的兄妹，總共四十人同行的小旅行。我們從學生時期認識彼此，每次來的時候媽

媽都會説：「下次要帶著你們的寶寶一起來啊！」現在她就是我們在宿霧的奶奶。這是女兒第一次在海邊玩，我們有點擔心，不過一到海灘，哥哥們三兩下就熟練地做出嬰兒用的吊床。女兒舒適地在裡面搖晃著，非常滿意。

在海灘盡情玩耍後，大家一起BBQ！藍天下、海水邊的烤肉，吃起來別有一番滋味。填飽肚子之後再次跳進海中。不知何時已經游到遠處的哥哥們，釣到了漂亮的魚裝在可樂瓶裡帶回來。第一次造訪這裡時，由丈夫抱著下海的孩子們，現在也已經為人父，我丈夫這次是抱著他們的孩子，走進海中。

每年不斷成長的孩子們還有這片大海，從今年開始有了女兒的加入。

從今以後不管家人再怎麼增加，明年、後年，都要像現在一樣大家一起到海邊來。這就是我們最棒的一天。

♛PROFILE
姓名：**青木綾**　　年齡：30歲　　職業：主婦

✍ABOUT
國名・地區：菲律賓・宿霧島
一天的路線：宿霧島・宿霧市→前往馬克坦島（Mactan Island）海灘→午餐在海邊BBQ→在住宿家庭吃晚餐
旅行種類：家族旅行

✈ACCESS
從日本到菲律賓宿霧島約5小時。

活著真好

「就像飛在空中般的錯覺」，
讓我深感活著真好的南美絕景。

離開玻利維亞的首都拉巴斯，我動身前往烏尤尼。

為了來到這裡，我已經轉乘了好幾天的深夜巴士。

經過十五個小時的不便旅程，終於到了！

不過是抵達距離烏尤尼湖最近的小鎮（笑）。

這時，我還沒見識到那驚人的美景。

從這裡繼續搭乘吉普車前進，終於看到烏尤尼湖了。這時我的心情已經亢奮到極點，搭著吉普車，（這次是真的）衝進烏尤尼鹽湖內吧！

這就是天空之鏡。

我陷入一種宛如在天空飛翔的錯覺。

這神祕的美景，如果告訴我這裡就是天堂，我大概也會相信。

好像一伸手就可以抓到雲朵一樣。

雖然心中有千萬句話想說，可是**我一張口卻只能說出「太誇張了」。**

除此之外我一句話也說不出來。不，這根本無法用言語表達。

我認真覺得，活著真好。

抵達鹽湖正中央，大家簡直樂瘋了（笑），期盼已久的這個瞬間。總之，先來一張大合照！

疲倦算什麼！紫外線又怎樣！
所有人使盡渾身解數來個大跳躍。
這個瞬間我永生難忘。

必拍的遠近法不能少。
還有幸運繩也入鏡了。
拍膩了之後接著玩足球。
紅鶴也出來迎接我們。

時間在這裡靜止。

晚上住宿在鹽湖內的飯店。當然，這裡沒有電。
不過點起蠟燭度過的夜晚充滿奇幻氣氛。夥伴們有著聊也聊不完的話題，暢談到深夜。

只有雨季才能看到的美景。天氣狀況也是一大風險。
在此前提下能夠看到這樣的美景，真的只能用奇蹟來解釋了。

真慶幸來了這趟南美之旅。真慶幸我活在這世上。
這份感動我一輩子也不會忘。

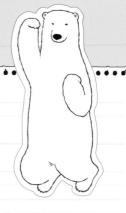

👑**PROFILE**
姓名：**田口慧**　　年齡：21歲　　職業：學生

🖊**ABOUT**
國名・地區：玻利維亞・烏尤尼
一天的路線：拉巴斯→烏尤尼鹽湖
旅行種類：跟大學同學一起旅行

✈**ACCESS**
從日本到美國兩個都市轉機，抵達玻利維亞的拉巴斯。從拉巴斯到烏尤尼鹽湖搭乘國內班機約1小時。去程飛行時間共計約22小時。

從猢猻樹上眺望美麗的最後樂園。

佇立在遠離人煙海灣上的小木屋裡，唯一的住宿客。

早餐一邊看美麗的大海一邊悠閒用餐。遠方可見的大海洶湧澎湃。

真可惜，看來只好放棄潛水了。

我在除了自然以外什麼都沒有的小木屋周圍漫無目的地走著。

偶爾可以聽見陌生動物的叫聲。

也不知走了多久，眼前突然展現一片猢猻樹森林。

往腳邊一看，鋪了一大片紅、綠、紫的地毯。

放眼盡是，真的是三百六十度啊。太驚人了。

我楞了一會兒，慢慢走向猢猻樹，又看到不可思議的光景。

「該不會能爬上去吧？」沒錯，真的能爬上去。

我忘我地往上爬，猢猻樹上看到的震撼景色，美得讓我無語。別說觀光客了，這裡就連當地人都沒有。完完全全由我一個人獨占。

有一瞬間，心中浮現邪念「要是身邊有心愛戀人在就好了」，但馬上又回到現實世界，一個人陶醉其中。

我狠狠將眼前景色烙印在眼底，急忙走上回小木屋的路徑。畢竟這個地方沒有路燈，要是天黑，就分不清東南西北了。

幸好趕在太陽西下之前回來。等著我的是當地採撈的生牡蠣大餐。

好吃！再多我都吃得下。

小木屋招待特製的酒，在沒有電的房間裡憑蠟燭燈火寫日記。

明天要做什麼好呢。

👑PROFILE
姓名：**染木純一郎**　　年齡：30歲　　職業：上班族

📖ABOUT
國名・地區：馬達加斯加・安德瓦德卡

一天的路線：小木屋唯一的住客，一個人享用早餐。→海相不佳，決定在小木屋附近散步。→發現猢猻樹森林→從能爬上的猢猻樹欣賞三百六十度的猢猻樹森林

旅行種類：一個人旅行

✈ACCESS
從日本到泰國的曼谷、馬達加斯加的安塔那利佛（Antananarivo）、穆隆達瓦（Morondava）轉機，抵達穆龍貝（Morombe）。從日本到曼谷約6小時30分鐘，從曼谷到安塔那利佛約8小時30分鐘。安塔那利佛到穆隆達瓦約1小時，穆隆達瓦到穆龍貝約50分鐘，從穆龍貝到安德瓦德卡車程約2小時。

076

世界最大的砂島
～弗雷澤島～

世界上最大的砂島。在地球上唯一茂密生長在砂上的熱帶雨林弗雷澤島，來趟海灘兜風。

弗雷澤島是世界上最大的砂島，也是地球上唯一生長在砂上的茂密熱帶雨林，這樣的環境已經登錄為世界遺產。

坐上四輪驅動的特殊車輛，前往弗雷澤島。行程參加者共三十名左右，來自不同國家，在巴士裡可以聽到許多英文以外的語言。

首先是七十五哩海灘兜風，這是一條無限延伸的沙灘道路。車子豪爽地行駛在海浪邊，揚起陣陣水沫。享受景觀之後，午餐時間在熱帶雨林包圍之下野餐。

笑翠鳥積極地表示：「我想來點三明治。」

午餐後觀賞令人緬懷歷史的馬諾沉船（Maheno Shipwreck）、五顏六色的尖峰石陣（The Pinnacles）、清澈的伊萊溪（Eli Creek）、拜拉比恩湖（Lake Birrabeen）。拜拉比恩湖水的透明度和沙灘的白淨，讓人嘆為觀止。

盡情觀賞這些景點之後，回到七十五哩海灘，一邊看著野狗在沙灘上追逐，一邊欣賞落入水平線的夕陽。

晚餐是澳洲式自助餐。派皮中放了牛絞肉的牛肉派滋味絕佳。填飽肚子後到海灘上散步。除了住宿設施區域以外完全沒有街燈，光線幾乎照射不到隔五分鐘腳程的海灘上。過了一會兒，眼睛習慣黑暗後抬頭一看，是滿天的星空。每個星座都看得見，那像雲一樣清楚的銀河，讓我啞然失語。

在弗雷澤島上度過的時光、看見的景色、聽到的聲音、碰觸到的沙和水的感觸，以後我也不會忘。

這是充滿了感動的一天。

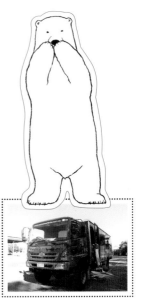

♛PROFILE
姓名：**塚越香織**　　年齡：25歲　　職業：飛特族

✍ABOUT
國名・地區：澳洲・弗雷澤島
一天的路線：從彩虹海灘（Rainbow Beach）搭渡輪到弗雷澤島→七十五哩海灘兜
　　　　　　風→野餐午餐→參觀伊萊溪、馬諾沉船等→澳洲式自助餐→海灘散步
旅行種類：一個人參加團體旅遊

✈ACCESS
從日本到澳洲雪梨轉機，抵達布里斯本。從日本到雪梨約9小時40分鐘，從雪梨到
布里斯本約1小時30分鐘，從布里斯本到彩虹海灘車程約3小時，由此到弗雷澤島搭
渡輪約10分鐘。

贏了有兩百四十八萬日圓，輸了全部歸零。
在澳門賭場孤注一擲的賭局。

我和損友三人一起企畫了「在澳門賭場賭上獎金孤注一擲」。

賭金取個整數剛好五十萬日圓。賭的是「深夜特急」節目中經常看到的比大小。

規則很簡單，只要把錢放在「大」或「小」即可。

我們三個損友加起來的賭金共計金額為一百二十四萬日圓。

要是贏了有兩百四十八萬日圓，輸了則全部泡湯。

莊家搖起骰子，發出喀啦喀啦的聲音然後戛然而止。

現在蓋子裡已經出現偏向「大」或「小」的數字。

下注的時間有六十秒。身邊的人一一下好離手。我把籌碼放在「大」，接著，損友們也陸續放上籌碼。這麼一來，一百二十四萬所有籌碼都押在「大」上。

這時突然出現異狀。莊家露出狐疑的表情，好像正在叫人來。過了一會兒，身穿黑服的經理過來了。莊家再次確認：「這些籌碼是誰的？」他們在確認賭金的上限。我們說明：「四個人加起來的總金額雖然超過，但每個人的個別金額並沒有超過。」再次跟經理溝通。

這時，身邊幾個押在「大」上的賭客紛紛撤注。計時器歸零後又過了好一段時間。我們四人開始擔心。

在這段期間內，骰子有沒有可能被改變數字？

「該撤回這一百二十四萬嗎？」

不，不撤。我們還是決定賭這一局。經理終於做出由下往上的手勢，示意開蓋。莊家鳴鐘。旁觀的賭客也投以注目的眼光。

勝負揭曉了!!

莊家打開蓋子。

出現的是，「大」。

那個瞬間，我們四個人齊聲歡呼！一百二十四萬變成兩百四十八萬的瞬間。

許多人上前推擠，大家都來向我們握手。我們擺出無數次握拳的勝利姿勢。

我們馬上去兌現，眼前看到的是從沒看過這麼多的大量紙鈔!!

不用說，在那之後我們四人自然是徹夜狂歡。

那是我人生中最棒的一天。

👑**PROFILE**

姓名：**淺海敬介**　　年齡：33歲　　職業：上班族

Facebook：淺海敬介（keisuke Asami）

✉**ABOUT**

國名‧地區：中國‧澳門（中國特別行政區）

一天的路線：在香港換錢→搭渡輪進入澳門→到賭場一決勝負！

旅行種類：與友人同遊

✈**ACCESS**

從日本到澳門約4小時50分鐘。

歌唱、歡笑、乾杯到深夜。
在世界最大啤酒節體驗的夢想般時間。

　　因為太愛啤酒、在啤酒公司上班的我，**終於辭去工作，踏上「喝遍世界啤酒之旅」。**

　　踏上這趟醉狂之旅的我，無論如何都想一訪的，就是在德國舉辦的世界最大啤酒節**「慕尼黑啤酒節」。**

　　一抵達慕尼黑中央車站，站內熱鬧地擠滿身穿德國民族服裝的人們。這個地方的祭典已經開始了。

　　主會場甚至有設置在廣大公園的巨大帳篷和移動遊樂園。

　　簡直就是一座**「為了啤酒愛好者而設的主題樂園」**啊。

　　坐上座位，點了啤酒，**送上來的是在日本難以想像的巨大玻璃杯。我忍不住咧嘴而笑。**

　　平時較拘謹的德國人，似乎只有今天能卸下防備。

會場開始唱著〈Ein Prosit（乾杯的歌）〉，大家一起站起來高歌、乾杯。

我也一起乾杯、拚酒。

直到夜深都可以聽到人們爽快的笑聲和玻璃杯輕碰的聲音。

對愛喝啤酒的人來說，這裡果然是個夢一樣的地方。

後來我喝到醉倒，跟許多人一起睡在車站，現在也成了美好的回憶。

這是我還想再體驗無數次，最棒的一天。

♛PROFILE
姓名：**村田英治**　　年齡：27歲　　職業：旅人

部落格：「酩酊天使世界周遊記」http://staygoldag.exblog.jp/

✍ABOUT
國名・地區：德國・慕尼黑

一天的路線：慕尼黑中央車站→過午進入會場，不斷喝啤酒。→睡在車站

旅行種類：環遊世界

✈ACCESS
從日本到德國的慕尼黑約12小時。

「我從沒想過，在旅途中會被人稱為『老師』！」
教寮國孩子們日文的一天。

環遊世界之旅的尾聲，我來到寮國的古都琅勃拉邦。

這裡是從前的首都，有八十多座寺院的寮國佛教中心地。

這個被指定為世界遺產的街上，卻有著出乎意料的悠閒。

離開日本半年……旅行成為我的日常，我厭倦只是無所事事的每天，開始想要追求某些刺激。寮國人除了英文之外，有很多人都學習日文當作第二外文，也有不少日文學校。

我在這裡當志工教寮國的孩子們日文。

面對真正的日本人，孩子們很好奇地盯著我看。

我覺得自己好像成了明星。在這個半露天的小教室裡，我這個貧窮背包客開始教寮國的孩子們日文。

我從沒想過，在旅途中會被人稱為「老師」！

看到孩子們露出燦爛的笑臉，認真學習日文的樣子，我就獲得了力量，「努力教會他們吧……」緊張的心情漸漸鬆弛。

我們一起練習日文發音、寫平假名，跟孩子們一起說日文，有時孩子們還會教我寮國語……這段時間是如此出充實。

目前為止的旅行我總是採取被動的態度，自己從來沒有給過別人什麼，所以這成為我很大的刺激，當我知道自己所做的事能取悅別人，也令我覺得高興。

上完課後，聽到孩子們對我說：「明天你還要來吧？什麼？不來嗎？但是還是謝謝你。我會繼續努力學日文的。」心裡覺得好溫暖啊。

跨越語言的障礙，跟寮國孩子們交流的時間，讓我認識新的自己，也從孩子們身上學到許多。這就是我最棒的一天。

♔PROFILE
姓名：**太田望**　　年齡：23歲　　職業：上班族

✍ABOUT
國名‧地區：寮國‧琅勃拉邦（Luang Prabang）
　一天的路線：琅勃拉邦市區觀光→在路邊攤吃午餐→午睡→在寮國的日文學校上課
　　　　　　　當老師→和日文學校認識的人在路邊攤吃飯、乾杯！
　旅行種類：一個人旅行‧環遊世界

✈ACCESS
從日本至泰國曼谷轉機，抵達寮國的琅勃拉邦。從日本到曼谷約6小時30分鐘，曼谷到琅勃拉邦約2小時。

tea time...

紙鶴是重逢的咒語，
到茶葉聖地斯里蘭卡茶區視察訪問。

相隔四個月，再次跟我的心靈夥伴重逢。

重逢之地就是他的生涯志業，「茶葉」聖地斯里蘭卡！

有一天，我們以斯里蘭卡南部埃克若莎的「Nandana Tea Factory」為據點，跟我的心靈夥伴一起到幾個茶區進行視察訪問。

我的工作是拍攝，以及跟在當地工作的女性溝通。

雖然完全不懂當地的語言，但是只要有世界共通的「笑臉」就沒問題了。

湧現的使命感讓我的胸口雀躍不已。

早早結束早餐後，往露台移動。

我在這裡品嘗著老闆娘泡的香濃奶茶。

「啊～真是幸福的時間。」

奶茶就是要有點甜才好。

我不知曾經在哪裡讀到這句話，聽說甜的東西對心情也很有幫助。

很不可思議地，我自然地露出笑臉。

跟導遊會合後，準備出發！

在蜿蜒崎嶇的山路上慢慢前進約30分鐘。

在灼熱的日光下，抵達茶園。

出來迎接我們的是許多採茶女孩。

巧克力色充滿光澤的肌膚，還有宛如在大地扎根、大樹般的強健雙腳，令我印象深刻。

視察後的休息時間。

收集枯葉生火，用鐵窯煮水。

享用了剛炒好的茶葉。

這就是斯里蘭卡風嗎？

一手是茶、一手是成堆砂糖。舔著砂糖喝下甜膩的茶。

不過這些採茶姑娘還真會吃、真會喝、真會笑！

光看就覺得肚子和胸口都充滿幸福感（笑）。

為了紀念重逢，我送給採茶姑娘們用千代紙摺的小紙鶴。

離開時他們要我說明什麼是紙鶴，我脫口說出這句突然想到的話。

「是祝福能重逢的咒語。」

下次我們會再一起來的！我在心中暗唸，獻上祈禱。

回家路上，我偷偷把一隻紙鶴放進心靈夥伴的包包裡。

♛PROFILE

姓名：**Yuki Amano**　　年齡：35歲　　職業：諮商師

Facebook：https://www.facebook.com/yuki.amano3

✍ABOUT

國名‧地區：斯里蘭卡‧埃克若莎

一天的路線：在茶廠老闆家吃早餐→在露台喝餐後奶茶→視察茶區→跟採茶姑娘們玩→在茶園喝Afternoon tea→回家

旅行種類：隨性的一個人旅行with心靈夥伴

✈ACCESS

從日本到斯里蘭卡的可倫坡（Colombo）約9小時20分鐘，從可倫坡到埃克若莎車程約5小時。

想看看成為灰姑娘城堡靈感來源的世界遺產！感動於長年來在心中描繪的景色。

「想不想去看看灰姑娘城堡靈感來源的世界遺產？」

最棒的一天，從我的邀約開始。對於喜歡世界遺產的我來說，聖米歇爾山一直是長年來我想要造訪的地點之一。跟我共度這最棒一天的對象，是小我三歲的九州女孩。我們在環遊世界的船內相識，也就是所謂的船友，她很爽快地答應了我的邀約。

我們下了船，開始這趟拜訪世界遺產「聖米歇爾山」的旅程。

出發地點是當時停留的巴黎。我們一大早出發，換乘電車和巴士，大約在中午左右終於抵達。

愈接近目的地，長年以來在心中描繪的那座知名城堡就逐漸現身。

在距離城堡稍遠處看見的外觀實在太美，我感動到發抖。心中除了覺得不可思議，也同時覺得好暢快。我興奮地拚命拍照。

這張以手做出心形圍住聖米歇爾山的作品我們重拍了好幾次。

是我心中最棒的一張照片。

進入城堡區，兩旁排了密集餐廳和禮品店的參道「大街（Grand Rue）」上人潮擁擠。聖米歇爾山最有名的，就是「布拉媽媽」的蛋捲了，位置就在這條參道入口。好吃的兩個女孩當然不會放過。

「給我最便宜的這個！」本來是這麼點了，沒想到一個人竟然要八十歐元。這價格給了我們很大的衝擊，不過蛋捲的味道和觸感也給了我們不小的衝擊。來訪時請千萬別錯過。

這裡也有很多攜家帶眷的觀光客，回程時我們還遇到這個可愛的孩子。

跟意氣相投的船友，離船冒險的一天。
對我來說，是人生中最棒的一天。
我的世界遺產巡禮之旅，還沒有結束。

👑 **PROFILE**
姓名：淺川千草　　年齡：24歲　　職業：護士

✉ **ABOUT**
國名・地區：法國・聖米歇爾山（Mont Saint-Michel）
一天的路線：從巴黎TGV到雷恩（Rennes）車站2小時→從雷恩車站搭巴士1小時
　　　　　　30分鐘。一邊吃著知名蛋捲，在聖米歇爾城堡區內悠閒地待到傍晚。
　　　　　　→傍晚出發，二十二點左右再次回到巴黎。
旅行種類：搭船環遊世界。其中的一天。

✈ **ACCESS**
從日本到法國的巴黎約12小時30分鐘。從巴黎到聖米歇爾山搭電車到雷恩，再換乘
巴士。從巴黎到雷恩約2小時，雷恩到聖米歇爾山約1小時30分鐘。

空中飄下大量紙花，幾十萬人的聲音，
在世界的中心時代廣場，大聲倒數。

12月31日，我來到時代廣場。

每年這裡都會聚集來自全世界的幾十萬人，一起倒數。

國中時在新聞上看到那個景象，就決定「一定要去」，而這趟旅行現在即將開始，我帶著雀躍的心情搭上地下鐵。下午兩點多來到時代廣場，先找廁所。離開住宿處前雖然去過一次，不過為了以防萬一，還是再去一次吧。

「參加倒數的人數太多，所以下午三點左右就會關上設置的鐵柵門，管制人數。從這時候開始直到倒數的瞬間，都必須待在鐵柵裡。如果想上廁所可以離開鐵柵，但就不能再回去了。」

我根據網路上找到的這些資訊，買好最低限度的食物和水，走向敞開的鐵柵。那時候剛好警察正要關上鐵柵，人潮頓時傾瀉湧入。

人都來到這裡，要是無法倒數，也未免太蠢了吧！

我在心中吶喊，不要小看擠慣沙丁魚電車的日本人！也跟著擠進去。

之後鐵柵在我身後關上，我占到鐵柵內第一排的上好位子。

等了幾個小時後，跟附近的人也熟起來了。有了說話的對象後，等待時間

也變得愉快。

　　途中披薩送貨員帶來大量的披薩，大叫「一個二十美金!!」身邊的大叔買了，分給附近的所有人吃。時間來到23點55分，會場開始播放一首歌。歌聲結束的同時，時代廣場的螢幕開始顯示倒數畫面。天空降下無數紙花和幾十萬人的聲音。

　　接下來大家忘我地喊叫，轉換新年的瞬間，這裡凝聚了世界上許多狂歡慶祝。

　　再也沒有比這一天更感動的日子了。

　　＊如果有人看了我的這一天而想參加倒數，那我真是太高興了。所以在這裡我特意不寫出23點55分的那首歌。我想最好在不知情的狀況下親自到現場體驗，一定會更感動。

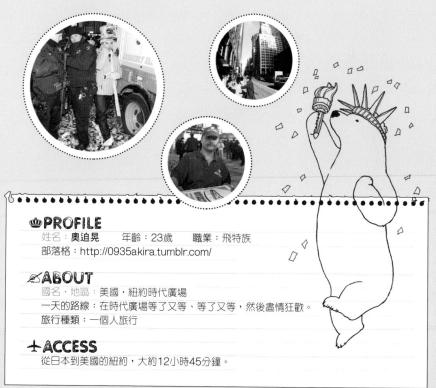

♛PROFILE
姓名：**奧迫晃**　　年齡：23歲　　職業：飛特族
部落格：http://0935akira.tumblr.com/

✉ABOUT
國名・地區：美國・紐約時代廣場
一天的路線：在時代廣場等了又等、等了又等，然後盡情狂歡。
旅行種類：一個人旅行

✈ACCESS
從日本到美國的紐約，大約12小時45分鐘。

猶如寶石般閃亮的亞德里亞海，紅色屋頂的舊市區，騎機車奔馳在嚮往的杜布羅夫尼克。

從斯洛維尼亞搭火車進入克羅埃西亞，這是我環遊世界之旅的第十個國家。從首都札格雷布（Zagreb）搭巴士，當天南下來到杜布羅夫尼克。

下了巴士後，走在處處是坡道的港邊小鎮找飯店。身上背著十八公斤重的背包，真的很吃力，而看到終於抵達的飯店竟然已成了廢墟，那一瞬間我心中好厭惡這個城市。

但儘管如此，旅行過嚴冬的歐洲之後，看到藍天下宛如寶石般閃閃發亮的亞德里亞海，卻還是不知不覺地被這個城市深深吸引。

我租了機車，目標是可以俯瞰紅屋頂舊市區的瑟爾德山（Mount Srdj）。

我想起電影《魔女宅急便》中的一景，邊聽主題曲邊奔馳的那條路，讓我畢生難忘，之後所見的景色也牢牢烙印在心中，現在想起來依然會一陣悸動。

走向瑟爾德山的路上，我曾經走錯誤闖波士尼亞的國境，也曾在牧場主人

的邀請下跟驢子們一起嬉戲，還因為加錯了油只好牽車去修理，而這些都成了珍貴難忘的回憶。旅途中遇見的克羅埃西亞人都很親切，這也是讓這一天如此特別的原因之一。

之後，為了看日落，我騎車到另一側的海角。在絕佳時間看見的日落，是這趟旅行中最美的夕陽。一想到這夕陽可能也是某個國家的朝陽，就有種不可思議的心情，讓我想永遠望著亞德里亞海。

晚上在有情調的舊市區散步。搭配其他人美味的海鮮料理啃三明治，也是貧窮旅行才有的美好回憶。

將來我一定還會踏上環遊世界之旅，而杜布羅夫尼克一定是我必定再訪的重要城市。

十二月十日。在憧憬的杜布羅夫尼克奔馳，「最幸福」的一天。

👑PROFILE

姓名：**甲斐瑠衣**　　年齡：21歲　　職業：學生

🖋ABOUT

國名・地區：克羅埃西亞・杜布羅夫尼克

一天的路線：杜布羅夫尼克・新市街→（波士尼亞國境）→瑟爾德山→海角→舊市街

旅行種類：世界一週

✈ACCESS

從日本到義大利的羅馬轉機，抵達克羅埃西亞的杜布羅夫尼克。從日本到羅馬約12小時40分鐘，羅馬到杜布羅夫尼克約1小時15分鐘。

泰國慶祝舊曆年的祭典潑水節。
無論人種、國籍,男女老幼互相潑水的暢快。

泰國慶祝舊曆年的潑水節。

在一年中最熱的時期舉辦的這個祭典,不知從何時起開始互相潑水。

我闖進了據說是祭典發源地清邁的潑水節。

這是一場完全不講規矩的祭典。除了身邊的陌生人,還可以對警察、漂亮小姐放肆潑水。因此而生氣的人反而站不住腳。有好幾次我差點對不懂得看臉色的潑水男發脾氣,但是一聽到「潑水節就是這樣啊!!」也只好接受。

奉勸想在這個時期到泰國旅行的朋友。

就算是旅客,也會毫不留情地被潑成落湯雞。
唯一安全的地方只有旅館的房間裡。

等到我決定豁出去,才真正發現祭典的樂趣。不管人種或國籍,男女老少人人互相潑水。路上的車輛也堆滿水桶,從車上攻擊。人行道上狠狠往行走機車或嘟嘟車司機身上潑。這時候只有自己才能保護自己。

這時要特別小心的,是水桶中裝了冰塊的沁涼冰水攻擊。

即使在盛夏的氣溫下，這都可能成為致命傷。遇到這種情況，就到池子汲水反擊吧。老實說，沒有人知道這水成分是什麼。對了，跟我一起同遊的旅人N，疑似整個身體泡在池子裡撒了尿。不過泳池和海也都是這樣吧。

厭倦了陸戰，拜託開車的人，多半會讓你上車。

別以為坐在車上比較有優勢，這反而會成為人行道上行人的標靶，其實沒什麼兩樣。

我只靠一枝細長的水槍，在如此狂野的祭典中奮戰。

這是我釋放最多腎上腺素的一天。

下次參加時，一定要買枝幫浦型的高性能水槍。

最後再補充一點，這個祭典持續三天，也有人從三天前就開始潑水。

嗯，一天就夠了。

👑PROFILE
姓名：**青柳克**　　年齡：26歲　　職業：青年旅館員工，偶爾自稱為攝影師
HP：http://fotologue.jp/masaru-aoyagi

✍ABOUT
國名‧地區：泰國‧清邁
一天的路線：在清邁市區互相潑水
旅行種類：一個人旅行

✈ACCESS
從日本到泰國的曼谷轉機到清邁。從日本到曼谷約6小時30分鐘，曼谷到清邁約1小時15分鐘。

沒有電、沒有水的珊瑚礁島，只聽得見風和海浪的聲音，沒有任何人打擾的寧靜時光。

從斐濟本島搭乘渡輪約2小時。

亞薩瓦群島這些小島上，看不見一間店，能看見的只有眼前遼闊的清澈藍色大海及天空。少有觀光客會來這座沒電又沒水的島，這一天，包含我在內只有寥寥幾人。

島民的早晨開始得很早，聽到他們出海的船聲，我自然睜開眼睛。這時剛好太陽從遠方水平線開始探出頭來。用過簡單早餐後，我刻意什麼也不做，在白色沙灘樹蔭下的大吊床包裹中，悠然放鬆。沒有任何人干擾，只聽得見風和波浪聲。腦袋自然而然就放空了。

不知不覺中就睡著了。把我叫醒的是一個島上的年幼少年。

他好像想對我說什麼，把捕魚用的網子遞過來。我用彆腳的英文問他，才勉強聽懂他好像想要我幫忙。之後的三小時，我和少年在遍布珊瑚礁的淺灘上不斷追捕魚。途中，看似少年母親的女人過來查看，向我道歉。

可是跟少年一起度過的時間實在太愉快，反而是我要謝謝他。

潛入海中，拚命追魚、在自然中嬉戲，漸漸覺得自己好像也成了島民，真是不可思議。一回神，天空開始染成紅色，太陽沉入和早上相反方向的水平線。

這天晚上，我躺在床上，回想這美妙的一天，在無比充實的心境中沉沉入睡。

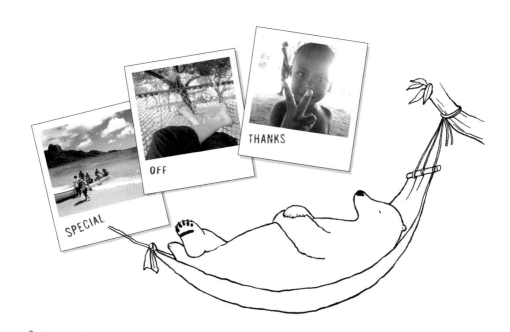

♔PROFILE
姓名：**鈴木拓海**　　年齡：24歲　　職業：上班族

✍ABOUT
國名・地區：斐濟・亞薩瓦群島
一天的路線：早餐→在海灘吊床上悠晃→跟少年一起捕魚到黃昏
旅行種類：一個人旅行

✈ACCESS
從日本到韓國的首爾轉機，到斐濟的楠迪（Nadi）。從日本到首爾約2小時30分鐘，從首爾到楠迪約10小時，楠迪到亞薩瓦群島搭乘渡輪約2小時。

從黑沙漠到白沙漠，
在異國之地度過人生最棒的倒數。

走過無數個國家，這時候我暗自決定，今年要在埃及**度過人生中最棒的跨年**。十二月底進入埃及，考慮了很多地點，最後決定選擇在沙漠跨年！

一大早前往黑沙漠，坐上當地沙漠居民的吉普車，奔馳在放眼地平線那一端什麼都沒有的道路上。

這完全就是我想像中的埃及！

途中在小沙丘處登山。

風太強，幾乎讓人站不穩腳步，但是由此眺望的風景太棒了。

大家也一起度過日本時間的跨年倒數！

從黑沙漠前往白沙漠時，吉普車故障了，所有人在沙漠正中央一起推著吉普車，現在想想，也不會為有趣的意外。

前往白沙漠目的地（在我看來其實四處都是大同小異的風景，根本不知該以何為路標前往目的地）的途中，在什麼都沒有的白沙漠裡，我們停下吉普車擋風，準備好墊子和火堆，漸漸打造出一個露營場。

白沙漠如同字面，是一個放眼皆白、前所未見的美麗地方，但更令我印象深刻的是日落後的滿天星斗，以及沙漠居民招待的美味料理。

夜愈來愈深，環顧四周，還可以看見其他的火堆。將近十二點時，我們加入了其他露宿團隊，可以看到許多不同國家、不同人種聚集一堂。我們參加了埃及特有的宴會「Yalla」，所有人圍著火堆一起聽音樂、跳舞，愉快的同時，也**享受了不同於都會喧囂，既類比又異質的倒數。**

直到太陽升起，我們都圍在火堆前喝著奶茶，吃著萬萬沒想到能吃到的日本文化中的跨年蕎麥麵，寫下新年的第一筆！**我所選擇的是透過沙漠和旅行所體會到的文字，「生」。**因為我實際體會到活著的喜悅、重要，以及困難。同時我也感受到，沒有其他經驗能夠超越「生」。

清晨，在白沙漠中冉冉上升的白色太陽非常美，我和許多夥伴無疑地一起度過了人生中最棒的跨年。

👑PROFILE
姓名：鈴木明　　　年齡：24歲　　　職業：上班族

✍ABOUT
國名‧地區：埃及‧黑沙漠、白沙漠
一天的路線：從首都開羅到黑沙漠→輕鬆的登山→車子故障→到白沙漠→準備露宿
　　　　　　→晚餐→多國籍Yalla派對跨年→奶茶會→第一個日出
旅行種類：一個人旅行（背包客）

➕ACCESS
從日本到埃及的開羅約14小時。從開羅到黑沙漠‧白沙漠觀光的據點城市巴威提
（Bawiti）車程約5小時。

087 每天早晨都來迎接的好友

在加拿大搭巴士上學。
認識珍貴好友，最棒的早晨。

二〇一一年三月。

從「Good morning！」開始的每天早上。

我每天早上都會搭同一位司機開的巴士上學。

雖然我英文還說得不好，但總是提醒自己不要忘記基本的問候和笑臉。

可是，在此同時我心裡的不安也很強烈。

或許一開始因為不安的心情讓我露出僵硬的表情。

此時，他每天早上都會露出友善笑臉跟我打招呼，漸漸趕跑了我的不安。每天見面的時間雖短，對話也漸漸多了。

當時在日本剛好發生了東日本大地震。看到新聞的他非常擔心我的家人、朋友，以及日本的狀況，讓我印象深刻。

起初雖然覺得不安，但是每天早上見到他，持續問候和對話，我的自信也慢慢取代了不安。

每天早上跟他見面開始成為我的樂趣之一。為了想感謝他抹除我的不安，在我加拿大生活的倒數第二天，我寫了一封信給他。

下巴士時我向他道謝，並且遞出那封信。這時他顯得很驚訝。我正覺得奇怪，原來，他也一樣寫了一封信給我。

我沒有告訴他什麼時候回國，所以他這封信的內容並不是道別，信上寫著，「雖然有點晚了，但歡迎妳來到加拿大。我不只是一個巴士司機，我是妳的朋友。在加拿大有任何不懂的，記得隨時問我。」

以前有過這麼棒的早晨嗎？

我心裡有寂寞、感動，也很驕傲能認識一位這麼好的司機。

我讀這封信的時候，覺得「真的認識了一位最棒的朋友」。

現在我依然繼續跟他保持連絡，是我引以為傲的朋友之一。

♔PROFILE
姓名：**畠山沙織**　　年齡：21歲　　職業：大學生

✍ABOUT
國名・地區：加拿大・雷吉納
一天的路線：寄宿家庭→巴士→學校
旅行種類：一個月的遊學

✈ACCESS
從日本到加拿大溫哥華轉機到雷吉納。從日本到溫哥華約9小時，溫哥華到雷吉納約2小時。

翡翠般翠綠的科羅拉多河，照耀大峽谷的晨光，旅行中描繪的夢想實現的瞬間。

想用肉眼清楚看著科羅拉多河，走下大峽谷。

這就是我挑戰長達二十公里健行的理由。

機緣使然，我參加了地球探險隊的峽谷圓環之旅。

跟隊長一起旅行，這也是我想實現的心願之一。

旅行當中，考量到自己的體力以及為了達到目的，不給大家添麻煩，我反而在旅行一開始就決定，**照自己的步調來。**

平常的我總是很在意他人的眼光，習慣配合別人行動，這次可說完全相反。

因為早上爬不起來，所以決定早睡（笑），配合他人會擾亂自己的步調，所以我按照自己的步調走。

儘管如此，在步道後半攀爬的時候，因為炎熱天氣和險峻的上坡，最後讓我幾乎累癱了。

下坡時的景色讓我發自心底感動，攀登到頂端時的成就感，更讓我忍不住快要落淚。

堅持自己步調的結果，每天都很有精神元氣、笑容滿面。

不管到哪裡，每天都高興得想跳躍、歡呼萬歲。

這麼大的人了，卻還能發自內心覺得快樂。

我真的遇到一群很好的夥伴，才能夠放心做我自己。

照耀大峽谷的朝陽，在晴天仰望的景色，如翡翠般清澈鮮綠的科羅拉多河。

天氣絕佳。沒什能奢求的。

這就是我在旅行中描繪的夢想實現的瞬間。

要是五年前造訪時不知道可以往下走，就不會有現在這趟旅行。

上帝果然是眷顧我的。

希望十年後，我能跟自己心愛的人們一起分享這份喜悅。

我的心中又誕生了新的夢想。因為無法遺忘，才想再次重溫。

♛PROFILE
姓名：**宮澤由美子**　　年齡：35歲　　職業：樂讀指導員

Facebook：http://www.facebook.com/yumiko.miyazawa

✍ABOUT
國名・地區：美國・大峽谷

一天的路線：清晨：在大峽谷欣賞朝陽→早上到傍晚：大峽谷，天使步道（約10小時）

旅行種類：地球探險隊・峽谷圓環之旅

✈ACCESS
從日本到美國洛杉磯轉機到拉斯維加斯。從日本到洛杉磯約10小時，洛杉磯到拉斯維加斯約1小時15分鐘，從拉斯維加斯到大峽谷車程約6小時。

SPECIAL 篇

巴西・薩爾瓦多

DANCE EARTH 的一天

「這就是地球未來的樣子」
整座城市化身為巨大迪斯可，
整晚進行跳舞的巴西嘉年華。

USA/EXILE

BRAZIL

從成田機場出發過了約四十個小時，花了整整兩天，終於抵達巴西巴伊亞州的首府，薩爾瓦多。

真有趣，我想在這裡跳舞。
只為了這個原因，我來到地球的另一端。

*

地球就是我們的舞池！我想在全世界跳舞！
我開始以「DANCE EARTH」為主題，環遊世界。

一年一度在巴西各地舉辦的嘉年華會。
這是愛好跳舞的人所嚮往的地方。
在據稱世界最大的嘉年華中跳舞，一直是我的夢想。

眾所周知的是表演形式的嘉年華會。
但是光在一旁看，不是我的作風。
在「薩爾瓦多」沒有觀眾席。
當我知道這裡的嘉年華會是由一般民眾共同參加，便決定選擇這裡作為我的初次體驗嘉年華會的地方。

*

從機場到飯店辦好入住手續，沖完澡後，我馬上跳上計程車，前往嘉年華會會場。
街上填滿了繽紛色彩，太陽灑下的光線，讓這些顏色更亮眼。

來到主要鬧區，我立即感受到強烈的衝擊。
一輛將貨台改造為舞台的大型卡車，裝載著巨大的擴音機和樂團、舞者，咚咚咚的不斷傳出爆音現場演奏，以時速十公里的速度緩慢前進。之後有數百人的團隊成員都穿著一樣的T恤，邊跳舞邊行進。像這樣的卡車連續有好幾十輛。
從街上到店家，大家都自由地播放音樂，餐廳就像舞廳。整座城市化身為巨大迪斯可空間。以森巴為基調，混雜了流行音樂、雷鬼、電子音樂等種種節奏。

放眼望去，成千上萬的人、人、人，塞滿了整條街。
不管到哪裡都可以聽到音樂，不管在哪裡都可以起舞。
我馬上混入遊行行列中，跳了又跳、跳了又跳。

遇見新朋友、搭起肩，一塊兒喝酒、跳起舞步……我不斷在這狂熱洶湧的人群中舞動。

從白天到晚上，從小孩到老人，男女老少，只要四目相對，所有人都會對彼此微笑、握手、擁抱……直到夜深，嘉年華都還沒有要結束的跡象。

混合了各種民族、人種血統的巴西人。徹頭徹尾的開朗、友善，他們甚至表示，「一整年都是為了嘉年華這天」，總之，巴西人可說嗜舞如命。他們透過舞蹈這種表現方法，連結彼此。

超越人種和年齡的那個空間，讓我覺得舒暢自在。

我突然心想，「這就是地球未來的樣子」。

「一整天單純地融入跳舞的樂趣之中」，這是我在跳舞天堂巴西所度過，最棒的一天。

舞蹈體現生命。生命猶如旅程。

我再次把這樣的意念刻在胸中，繼續我的旅程。

*ABOUT

國名・地區：巴西・薩爾瓦多
一天的路線：參加嘉年華，不斷地跳舞、跳舞、跳舞。
旅行種類：DANCE EARTH TRIP

*ACCESS

從日本到美國的紐約、巴西的聖保羅轉機，抵達薩爾瓦多。從日本到紐約約12小時45分鐘，
從紐約到聖保羅約10小時，聖保羅到薩爾瓦多約2小時15分鐘。

*PROFILE

宇佐美吉啓（USA/EXILE）

EXILE Performer。一九九四年組成舞團「BABY NAIL」。一九九九年，以初代歌舞團體
「J Soul Brothers」知名展開活動。二〇〇一年，由「J Soul Brothers」改名為「EXILE」
。同年以「Your eyes only～找曖昧的輪廓～」出道至今。二〇一〇年的EXILE LIVE TOUR
2010 "FANTASY"，達到日本史上首見的一百一十萬人動員人數。除了身為Performer以
外，也具備演員身分。二〇一〇年，劇團EXILE舉辦「DANCE EARTH ～心願～」。以「舞
蹈為世界共通語言」為主題，舉辦「DANCE　EARTH」活動，並視為終身志業，每天不
斷追求舞蹈的根源，並在全世界持續舞蹈之旅。出版有記錄該旅程的書籍&DVD《DANCE
EARTH》、《DANCE EARTH ～BEAT TRIP～》。

HP：「Dance Earth」http://www.dance-earth.com/
Facebook：http://www.facebook.com/EXILE.USA

SPECIAL 美國 · 塞利格曼（Seligman）

DON'T STOP 的一天

傳說中的六十六號公路。
震耳欲聾的哈雷引擎聲，
將大家的心串連在一起的瞬間。

小橋賢兒

「想在美國六十六號公路上騎哈雷機車。」

這個二十六歲時遭逢交通事故，下半身和左腕無法活動，只能仰賴輪椅生活的四十六歲男人，大家都叫他CAP。為了實現他長年以來的夢想，許多自由人都聚集一堂。這是高橋步和他的夥伴們。從CAP的七旬老母到雙十年華的女兒，如果沒有這樣的機會，踏上這趟旅行的男女十一人恐怕沒有任何共通點。他們參加了這趟在十天內跑完美國大陸四千兩百公里的大冒險。

目的是為了將這次紀錄拍成電影。

我暫停演戲時，在旅行中與高橋步一起喝酒。

當我聽到他說：「下次我要跟一個坐輪椅的大叔一起走六十六號公路呢……」我的大腦頓時火花爆裂。我忍不住衝動地對他說：「請讓我拍成電影吧！」這就是一切的開始。

*

旅行從艾爾帕索（El Paso）開始。由此前往阿布奎基（Albuquerque）。租了兩台露營車，前往亞利桑那的祕境塞多納，以及紀念碑山谷（Monument Valley）。

年齡、職業、立場都各自不同的十一人之旅。

我們在壯大景色中互相衝突、歡笑、哭泣、再次歡笑。

這是奇蹟不斷的十天。

在這當中，讓心靈震撼的最棒的一天，在旅程尾聲來到。

*

這一天，我們在正中午從紀念碑山谷到了大峽谷。

一位斯里蘭卡的和尚突然對CAP說：

「你這一趟人生確實很辛苦。但是正因為有這些不幸和失敗，現在才有你能成就的事。這個世間，不會有空無意義的痛苦。」

之後我才知道，他就像是斯里蘭卡的達賴喇嘛，身分相當高貴的人。

在人潮擁擠的許多觀光客當中，他只來到CAP面前。

我親眼看到發生在大峽谷的美麗驚喜。

傍晚，我們來到六十六號公路的傳說之地，據說是電影《汽車總動員》舞台的塞利格曼。

這時，我們偶然在路上遇到正在抽菸休息的哈雷軍團。

他們是從歐洲來的機車團。我們沿著六十六號公路往西邊的聖塔莫尼卡前

進，他們則由此往東。這是個人來人往的象徵性城市，CAP實現夢想的機會到來了。

自然而然地，CAP坐上了他們的哈雷。

載著CAP的哈雷，引擎聲響起的瞬間，CAP突然流下斗大的淚水，感動至極而哭泣。看到的人們，也都在路上痛哭。

那個瞬間，屬於什麼國籍？會不會英文？體格大或小？有沒有錢？是不是身障者？……排除這一切，人類真正純粹的部分瞬間產生共鳴。

我自己也一邊拍攝，一邊痛哭。

後來我才知道，那個晚上，以往很少對母親說「謝謝」的CAP對他母親說：「謝謝妳，媽媽。活著，就是我的孝順。」

＊

我從八歲開始進入演藝圈，二十歲左右開始在心中覺得抗拒，但還是繼續工作，有一段時期我以環境為藉口，硬是壓下自己想做的事。二十六歲的尼泊爾之旅，改變了我的價值觀。二十七歲我暫停演藝工作，踏上旅程。

開始旅行之後的自己，因為還有自年輕時就封閉的部分，看到星星、夕陽時的感動，也彷彿比別人多一倍。

為什麼以前沒發現這些呢？

為什麼要為了那些枝微末節而煩惱呢？

地球有這麼多美麗的地方，為什麼自己以前從未注意呢？

我的吸收力驚人。正因為我什麼都不知道，也沒有任何預設，才第一次知道所謂相遇的奇蹟、開放的感覺。

因為不在計畫中，所以驚訝和感動都成倍。

旅行，真的就像人生的縮影。

＊ABOUT

國名・地區：美國・塞利格曼
一天的路線：大峽谷→塞利格曼
旅行種類：拍攝紀實電影

＊ACCESS

從日本到美國洛杉磯轉機抵達拉斯維加斯。從日本到洛杉磯約十小時，洛杉磯到拉斯維加斯約
一小時十五分。
從拉斯維加斯到紀念碑山谷車程約十小時。

＊PROFILE

小橋賢兒

電影導演、男演員。一九七九年生。八歲開始以童星出道。曾在連續劇《人間失格》、《水姑
娘》、《徬徨少年時》，電影《燕尾蝶》、《AZUMI》等作品中演出。二〇〇七年突然暫停
演藝活動赴美留學。二〇一〇年開始製作紀實電影《DON'T STOP！》，歸國後再經過半年
的剪接完成。二〇一一年在SKIP CITY國際D電影節二〇一一中獲得SKIP CITY AWARD。
HP：電影《DON'T STOP 》官方網站　　http://dontstop.jp/
HP：「BIG BOYs」http://www.bigboys.jp/
HP：「KENJI KOHASHI OFFICIAL WEB SITE」　http://www.kenji-kohashi.com/

燭光音樂會

有志從事音樂工作者能做些什麼 。
我一個人，「現在，我能做的事」。

GAKU-MC

JAPAN

2011.3.11　從那一天起，我的世界確實改變了。

以往的日子、在那之後的日子。有志從事音樂工作者，能做些什麼。
回頭想想，從那一天起，我就一直在追尋這個答案。
我一個人，「現在，我能做的事」到底是什麼?!我告訴自己不能忘記、不能逃避，要繼續用自己的方法尋找答案。
如果能用音樂做出些許貢獻，那就做吧。做我該做的事。
我這麼決定。雖然無法提供高額捐款，但我可以請來參加演唱會的聽眾寫下祝福，然後幫忙送到東北去，基於這個想法，這趟旅行開始在我心中萌芽。

點起蠟燭、唱歌，然後請聽眾在燭杯寫下祝福，傳送出去。為了不遺忘、不讓記憶風化，我用自己的方法不斷持續著。
大家寫在燭杯上的訊息，都是「能帶來勇氣的話語」。
從小孩子到家有曾孫的老爺爺老奶奶。
從北海道到九州，我親赴日本各地，收集起這些訊息。

搭上露營車，「燭光音樂會」車屋。
看著地圖，開車駛向會場所在的城市。
最佳搭檔就是我深深仰賴的休息室兼廚房兼機材倉庫兼廁所兼浴室以及寢室，露營車「Play the Earth號」。
四個男人，約三週的狂潮之旅。
我們輪流開車，累了就找地方睡。

晚上大家天南地北地聊天喝酒。在演唱會場睜開眼睛，偶爾會看見後照鏡上掛著好心人送的蔬菜。我會把菜拿來料理度日。我靠音樂維生二十年，但這無疑是最棒的巡迴演出，也是我難以忘懷的最棒旅行。

給與我相遇的人們，謝謝你們。我會把你們的訊息傳送出去。
這趟旅行走遍日本後告一段落，但這項活動還會改變形式，繼續下去。
下次，我們一定還要再見。

*ABOUT

國名‧地區：日本‧全國
一天的路線：起床之後從一個城市前往另一個城市
旅行種類：開露營車的音樂旅行

*PROFILE

GAKU-MC

邊彈木吉他邊唱饒舌，日本嘻哈界的活傳奇。二〇一一年成立Rap+Entertainment。以「用饒舌導正世界！」為口號，精力充沛地活動中。二〇一二年舉辦用蠟燭和音樂連接人心的音樂活動「燭光音樂會」，持續以音樂進行日本復興活動。
最新專輯有「究極2」，散文集《如果世界在今晚終結》。

HP：「GAKU-MC」 http://www.gaku-mc.net

SPECIAL 摩洛哥 ・ 撒哈拉沙漠

只有兩人的撒哈拉沙漠

只把真正重要的東西，放進口袋，
今天也出去旅行吧。

高橋步

MOROCCO

說到「旅行中最棒的一天」，那可是說也說不完……

人生中最棒的旅行，我第一個想到的還是跟妻子紗耶加的旅行吧。

尤其是二十八歲那時。

放下所有頭銜，在婚禮三天後，兩人一起環遊世界的途中，順勢而走不知不覺來到了撒哈拉沙漠。

把背包放在沙漠小屋，隨意散步好幾個小時。

一回神，視線當中除了黃沙和天空以外，其他東西都消失了。

放眼望去的生物，只有我和紗耶加。

如果，現在這個瞬間，全人類都滅亡，只剩下我們兩人還苟活……

老實說，只要紗耶加在我身邊，我一定能過得很幸福。

我現在還清楚記得，在沙漠熱風吹拂下，胸中滿溢著這樣的心情。

而過了十二年後的今天，那個想法依然沒有改變。

有時候我們把人生想得太複雜……

但是人生真正需要的，其實並不多。

只把真正重要的東西放進口袋，今天也出去旅行吧。

繼續旅行吧。

*ABOUT

國名‧地區：摩洛哥‧撒哈拉沙漠
一天的路線：兩人在沙漠裡漫步
旅行種類：在全世界約會

*ACCESS

從日本到法國巴黎轉機到摩洛哥的達爾貝達。從日本到巴黎約14小時30分鐘，從巴黎到達爾貝達約3小時，達爾貝達到梅如卡走陸路約半天。

在摩洛哥梅如卡租吉普車或利用吉普計程車，前往沙漠中可住宿的小屋。

*PROFILE

高橋步

一九七二年生於東京。自由業。二十歲時因為嚮往電影《雞尾酒》，大學輟學跟夥伴們一起開了美式酒吧「ROCKWELL'S」。二十三歲時為了出版自傳，跟夥伴們設立「Sanctuary出版社」。自傳《日日皆冒險》成為暢銷書。二十六歲結婚。婚禮三天後放下一切頭銜，跟妻子兩人開始環遊世界。回國移居沖繩，創設自給自足的藝術村「BEACH ROCK VILLAGE」。現在一家四口正展開無期限的環遊世界之旅，並在世界上喜歡的地方跟夥伴一起經營出版社、餐廳酒吧、民宿、學校等。

HP：「高橋步official website」http://www.ayumu.ch

寫真集錦

PHOTO
GALLERY

My Golden day：
「洋溢在地球另一端的人情溫暖～發誓再訪祕魯的一天～」
國名・地區：祕魯・利馬
旅行種類：一個人旅行（畢業旅行）
姓名：稻田彩美　　**年齡**：25歲　　**職業**：上班族

任何旅行都藏著旅人自己沒注意到的真正目的。

馬丁・布伯（Martin Buber）

My Golden day：「去見沙漠居民」
國名・地區：約旦・瓦迪拉姆　　**旅行種類**：一個人旅行（環遊世界）
姓名：喜多勝也　　**年齡**：31歲　　**職業**：上班族
部落格：http://ameblo.jp/masaya-journey

My Golden Day：「打工度假 in AUS」
國名・地區：澳大利亞　　**旅行種類**：打工度假
姓名：赤澤恭平　　**年齡**：27歲　　**職業**：上班族

如果不知道自己打算往哪裡去，
不管通過什麼的道路，一樣到不了任何地方。

亨利・季辛吉

My Golden Day：「最棒的笑臉」
國名‧地區：柬埔寨‧暹粒　　旅行種類：一個人旅行
姓名：北島達也　年齡：22歲　職業：飛特族

My Golden Day：
「走到New Zealand最北端跟最棒的夥伴一起的年末旅行!!」
國名‧地區：紐西蘭‧南島　　旅行種類：一個人旅行（環遊世界）
姓名：黑部愛美　年齡：25歲　職業：兒童社團指導員

長壽的人知識豐富。

而旅行的人更勝於此。

阿拉伯諺語

My Golden day：「悠閒的一天」
國名‧地區：馬達加斯加‧穆龍達瓦（Morondava）
旅行種類：一個人旅行
姓名：鵜飼尚美　　**年齡**：26歲　　**職業**：幼稚園老師

My Golden Day：「夢中之地」
國名‧地區：西班牙‧格拉納達（Granada）
旅行種類：與女友一起旅行
姓名：佐佐木功介　　**年齡**：28歲　　**職業**：上班族

旅人啊，前方沒有道路。
要跨出步子，才會走出道路。
安東尼歐‧馬恰多（Antonio Machado）

My Golden Day：「由上往下稱霸卡帕多細亞!!」
國名・地區：土耳其・格雷梅（Greme）
旅行種類：一個人旅行（環遊世界）
姓名：田中悠　　年齡：22歲　　職業：大學生（休學中）
部落格：http://yuhtanaka.blog.fc2.com/

My Golden Day　「不是一個人的一個人旅行～印度・安格拉的時光～」
國名・地區：印度・安格拉　　旅行種類：一個人旅行
姓名：齋藤紗也茄　　年齡：19歲　　職業：公務員
推特：@amelie1214

幸福就是旅行本身，而非目的地。
艾佛列德・德索薩（Alfred D'Souza）

My Golden day：「地球探險隊 內蒙古之旅～這就是世界上最美的旭日～」
國名‧地區：中國‧內蒙古　　旅行種類：地球探險隊 成人的畢業旅行
姓名：堀內健史　　年齡：31歲　　職業：自營業
HP：http://www.bokuranoie.com/

My Golden Day：「泰國生活」
國名‧地區：泰國‧曼谷　　　旅行種類：與友人同遊
姓名：森下彰子　　年齡：21歲　　　職業：大學生
部落格：http://ameblo.jp/showkomori/

旅行中真正的發現，不是看見新的風景，
而是擁有新的觀點。
馬塞爾‧普魯斯特（Marcel Proust）

My Golden Day：「包圍在卡贊勒克的玫瑰中～跟孩子的回憶～」
國名・地區：保加利亞・卡贊勒克　　**旅行種類**：與友人同遊
姓名：江本真依子　　**年齡**：27歲　　**職業**：上班族

My Golden Day：「跟企鵝共度的夢幻一天」
國名・地區：南非・開普敦　　**旅行種類**：畢業旅行
姓名：平井森惠　　**年齡**：23歲　　**職業**：上班族

如果世界是一本書，那麼不曾旅行的人，
就好比永遠只讀著同一頁。
奧勒留・奧古斯丁（Aurelius Augustinus）

人為什麼要不斷旅行？

為了嚐到更美味的食物？
為了與陌生的世界相逢？
為了擁有更美好的時間？

從旅行中回來後，平常的世界也跟旅途中一樣，充滿
微小的溫柔和一點點喜悅。

重新仔細看看習以為常的日常，一定會發現每天不經
意的人生，其實就跟旅行一樣。

旅行，可以讓生命的意義更加清明。
旅行，可以更清楚看見自己幸福的形狀。

上路吧，繼續旅行吧。

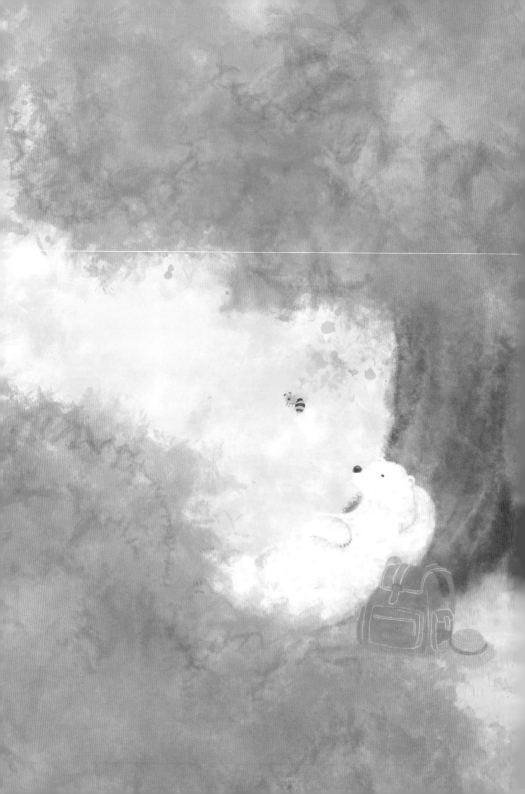

WORLD MAP
001-088+4

1. 瑞典 · 斯德哥爾摩
2. 玻利維亞 · 烏尤尼鹽湖
3. 坦尚尼亞 · 吉力馬札羅山
4. 越南 · 會安
5. 柬埔寨 · 暹粒
6. 智利 · 復活島
7. 印度 · 菩提伽耶
8. 緬甸 · 蒲甘
9. 祕魯 · 馬丘比丘
10. 義大利 · 威尼斯
11. 土耳其 · 波阿茲卡萊
12. 義大利 · 拿坡里
13. 密克羅尼西亞 · 吉普島
14. 瑞士 · 格林德瓦
15. 中國 · 雲南省
16. 俄羅斯 · 西伯利亞
17. 加拿大 · 愛德華王子島
18. 摩洛哥 · 撒哈拉沙漠
19. 澳洲 · 拜倫灣

20. 德國 · 柏林
21. 愛爾蘭 · 阿倫群島
22. 澳洲 · 雪梨
23. 芬蘭 · 薩尼色爾卡
24. 沖繩 · 竹富島
25. 巴基斯坦 · 蘇士特
26. 埃及 · 開羅
27. 西班牙 · 布尼奧爾
28. 法國 · 巴黎
29. 西班牙 · 加利西亞
30. 澳洲 · 墨爾本
31. 帛琉 · 洛克群島
32. 美國 · 哈瓦蘇峽谷
33. 捷克 · 布拉格
34. 突尼西亞 · 突尼斯
35. 中國 · 北京
36. 美國 · 西雅圖
37. 土耳其 · 卡帕多細亞
38. 印度 · 赫爾德瓦爾

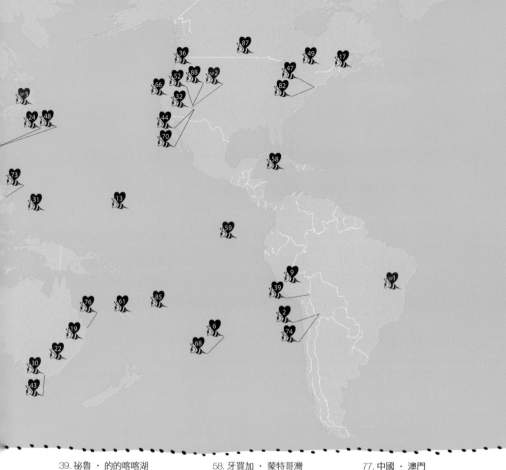

編後記

你為什麼要旅行？

為了尋找什麼？
為了感受什麼？
為了憶起什麼？

旅行，可以讓理所當然的事看起來燦爛耀眼。
旅行，可以讓日常歸零，看見真正的自己和對方。
旅行，可以讓人更珍愛微小的溫柔和不起眼的喜悅。
＊
本書是由深愛旅行的人為了深愛旅行的人所寫，充滿深愛旅行心意的旅遊導覽。我們以「每個人都有難以忘懷的旅行！難以忘懷的最棒的一天！」為主題，向全日本的旅人徵求「幸福的旅行記憶」，在此集結介紹。

同時，本書也是 88 位旅人充滿「旅行的樂趣、旅行的美好、旅行的意義、旅行的喜悅」的旅行記錄。結果可說五花八門，這成為了一本透過旅行觀察「幸福形狀」的目錄。希望各位讀完本書後，能充分感受到旅行的雀躍，包圍在幸福的心情中。

接下來要介紹的是本書的導覽人北極熊「Journey」。北極熊是移動了數千公里漫長距離的自然界旅人冠軍。他們冬天南下、夏天北上，在大規模的人生旅途中 熊媽媽教導小熊打獵和游泳等生存技巧。在漫長旅程中，小熊漸漸長大。
我們希望透過「Journey」來傳達，「旅行也可以讓人學習人生之道，透過種種相遇，擁有豐富的成長過程」。
他今後也會在書裡出沒於世界各地，持續旅行。

在日本許多旅人的幫助之下，才催生了這「最強旅遊書系列」的特別篇。除了這次所介紹的旅行故事之外，編輯部還收到很多動人溫暖的故事以及照片。在此謹代表所有編輯部成員，再次向各位致謝。

無論如何，都希望透過這本旅遊書，讓各位體會到旅行的樂趣、愉快、美好……
要是能因此開啟你的旅行開關……
那更是再好不過。

走吧，踏上旅程，找到你的幸福吧。
讓我們在世界的某個角落相逢。

Have a wonderful journey through your life!
2012 年 10 月 1 日 A-Works 編輯部

＊本書的交通資訊等係依照製作當時（2012 年）的資料為準。刊載資訊可能因當地狀況產生變化，還請事先留意。

＊我們也忍不住製作了旅人集團編輯部自己的「生命中最有梗的一天」。就當作番外篇「大放送」，還請多多指教。

my golden day : – 編輯部 –

KYRGYZSTAN 吉爾吉斯 · 托克托古爾（Toktogul）
吉爾吉斯 · 奧什（Osh）到比斯凱克（Bishkek）的巴士

綠色高山。包圍在美麗山巒間的湖水。
如明鏡般的蔚藍天空。上天賜予的生日禮物。

首先，那天是我的生日。

我睜開眼睛的地方，是中亞的吉爾吉斯南部，奧什這個城市。

我一個人旅行，來到這個旅客少、英文又幾乎不通的國家。

雖然是生日，但我並沒有期待任何人給我祝賀，原本計畫前往首都比斯凱克，結束這一天。

清晨，巴士站的人三三兩兩。我被群聚的計程車司機包圍，「沒有巴士了啦」、「上車吧」他們開了令人難以置信的高價。我擺脫這些纏人的司機，到市場去問人，終於知道可以從隔壁小鎮的巴士站上車。

順利搭上巴士後，在上路一陣子後的休息站吃頓較晚的早餐。

對了，剛剛擺脫那些計程車司機時好像撞到相機了，我打開包包檢查單眼相機⋯⋯**鏡頭破了。**

大受打擊的我完全說不出話來。

巴士快要發車了，只好忍著滿溢的淚水上車。

按下來的幾個小時，我帶著絕望心情呆呆望著車窗外吉爾吉斯的滑順山壁。車裡流瀉著大音量的俄羅斯流行歌。

就在我對一切充滿憎恨的此時，從山後出現的景色讓我睜大了眼睛。

山岳國家吉爾吉斯特有的覆雪綠色高山。在這美麗群山包圍下的托克托古爾湖，一點水波都沒有，宛如明鏡般映照著蔚藍天空。

這令人瞠目結舌的美，**甚至讓我覺得，我就是為了這個景色，才不斷旅行的。**

要是帶著相機，一定會拚命拍照，或許無法如此充分享受這些景色。

我心想，這段時間就是上天給我的生日禮物。

下了巴士，在托克托古爾村的便宜旅社辦好入住手續。跟親日大叔變成好友，晚上一起用啤酒乾杯。這時我又發現，破掉的不是鏡頭，而是濾鏡。

心情從絕望頓時攀升到最高點⋯⋯任何書和遊戲，都比不上旅行的感動和刺激。

👑**PROFILE**

姓名：小海桃子　　　年齡：31歲　　　　職業：A-Works編輯部

✎**ABOUT**

國名・地區：吉爾吉斯・托克托古爾
一天的路線：奧什→搭巴士移動→托克托古爾
旅行種類：一個人旅行

✈**ACCESS**

從日本到烏茲別克的塔什干約5小時。從塔什干到托克托古爾可搭乘共乘計程車或巴士。途中過國境，必須在吉爾吉斯的奧什過一晚。從塔什干到奧什約7小時，從奧什到托克托古爾約5小時。

GUAM 美國・關島

在海上置身於最棒的幸福感中

三代大家族之旅。
從身體深處湧出的幸福感。

那是慶祝母親六十歲的家族旅行。

我家帶著兩歲兒子和剛滿三個月的女兒，弟弟夫婦帶著十個月的兒子同行，總共十人的三代大家族旅行。因為孩子多，我們選擇移動時間少的關島作為目的地。以眼前就是海灘和泳池樂園的飯店為據點，度過悠閒的假期。

那天我們一早就搭上船，參加賞海豚之旅。船停在漂浮在關島南方、被熱帶雨林包圍的小島·可可島附近，看著海豚游泳的樣子，享受浮潛之樂後，在驟雨當中搭巴士回飯店。

過了一會兒驟雨停了，走出露台，眼前浮在海上的小島上，伸出一道漂亮的彩虹。聽說這座島是「突然出現的葫蘆島」的原型，阿爾帕島（Alpat Island）。我將視線移到海上，上面漂著幾艘黃色獨木舟。

出海後，我租了一艘獨木舟。讓兒子坐在最前面，妻子抱著女兒坐在他身後，持槳的我坐在最後面。以五百公尺前方的阿爾帕島為目標，開始划獨木舟。

在藍天下，慢慢地划。

剛開始有點害怕的兒子，中途也開始揮著手大喊：「Go！Go！」看起來真的很開心、很舒適。

這是很特別的瞬間。從我身體深處湧現的幸福感，包圍著我們三人。

之後換我跟父親還有兒子三人一起搭船，這又是難忘的經驗。

父親抱著兒子坐在前面，我自己在後面划船。

話說得很少，時間慢慢流動。

抵達小島之前，母親和妹妹正在浮潛，向她們兩人揮手的兒子就像電池耗盡電力一樣，就這樣睡著了。這時我心中百感交集，感慨良多。

我知道幾個地方比關島的海更美，也知道有更刺激的體驗、更令人屏息的絕景。可是當我被問及最棒的一天，我腦中第一個浮現的卻是這個瞬間。

說不定，這跟旅行的地點無關。

跟誰，一起度過了什麼樣的時間，這才是旅行的醍醐味吧。

👑**PROFILE**

姓名：滝本洋平　　年齡：33歲　　職業：A-Works編輯部

✉**ABOUT**

國名・地區：美國・關島

一天的路線：關島・飯店「安華度假村」→可可島・賞海豚之旅→飯店前的海灘
　　　　　　獨木舟

旅行種類：家庭旅行

✈**ACCESS**

從東京成田機場搭直航班機到關島。單程約3小時半。

my golden day : - 編輯部 -

THAILAND 泰國 · 栲喇（Khao Lak）

在泰國體驗極致的放鬆
發現新旅行方式的一天

寧靜的空氣感。幻想的世界。
在泰國體驗極致的放鬆。

　　從普吉島車程約一個小時。面對安達曼海的栲喇這個城市，有一個名為「薩羅晉（Sarojin）」、服務絕佳的度假飯店。這裡是一對英國夫婦所創立，得過世界上多數獎項。令人驚訝的是，這兩人無論是籌措資金或者飯店經營都完全沒有經驗。他們跟當地居民苦樂與共，將兩人出於對度假飯店無比的喜愛所描繪出的最高理想，化為具體⋯⋯

　　登記結婚後過了半年左右，開始考慮蜜月旅行的去處。這是我們第一次一起出國。因為工作的關係，走過幾十個國家的我們，第一優先的是「還沒去過的國家」。還有，比起遺跡、城市、購物⋯⋯更希望能在寧靜的空氣中放鬆，還能有點餘興活動。更重要的是，住宿處必須能確保我們過得舒適自在⋯⋯能實現這許多希望的，就是泰國的薩羅晉。

　　旅行中的某一天。房間外是一片萬里無雲的藍天，南國的日照不斷灑下。

「**這種空氣感，太棒了！**」我滿心雀躍，馬上跳進泳池中。

池邊已經備好乾淨的泳池毛巾和冰涼的飲料，游完泳後，躺在泳池邊的躺椅上。陰涼的樹蔭和掠過的涼風，帶來無比的舒適和極致的放鬆時間。午後是玩樂時間，我們還騎在象背上健行。

晚上是海灘上的BBQ晚餐。在微弱蠟燭燈火下，享用新鮮海鮮和肉。桌前話題不斷，是頓愉快的晚餐。最後是放天燈。利用熱氣球原理獲得浮力的燈籠飄向夜空，冉冉上升，跟其他住客的燈籠混雜在一起，營造出一個幻想般的世界。

這一天讓我知道，**除了「看什麼、做什麼」之外，將重點放在「跟誰、在哪裡停留」的旅遊方式也不賴。**

在這個創辦人夫妻克服苦難打造的夢想園地，實現了我們想像的「在寧靜的空氣中放鬆，還能有點餘興活動」之旅。

👑**PROFILE**

姓名：多賀秀行　　　年齡：31歲　　　職業：A-Works編輯部

✍**ABOUT**

國名・地區：泰國・栲喇

一天的路線：度假飯店→騎象健行→度假區

旅行種類：蜜月旅行

✈**ACCESS**

從日本至泰國曼谷轉機，抵達普吉島。從日本到曼谷約6小時30分鐘，從曼谷到普吉島約1小時30分鐘，普吉島到栲喇車程約1小時。

Dream On 003

生命中最有梗的1天。
沉浸在極致幸福中的88則旅行故事

A-Works◎編
詹慕如◎譯

出版者：大田出版有限公司
台北市 10445 中山北路二段 26 巷 2 號 2 樓
E-mail：titan3@ms22.hinet.net　http：//www.titan3.com.tw
編輯部專線：（02）25621383　傳眞：（02）25818761
【如果您對本書或本出版公司有任何意見，歡迎來電】
法律顧問：陳思成

總編輯：莊培園
副總編輯：蔡鳳儀　執行編輯：陳顗如
行銷企劃：張家綺 / 陳慧敏
校對：蘇淑惠 / 詹慕如 / 金文蕙
初版：二○一五年（民 104）七月一日　定價：380 元
印刷：上好印刷股份有限公司 (04)23150280
國際書碼：978-986-179-380-1　CIP：719/103024769

JINSEI DE SAIKOU NO ICHINICHI by A-Works
© 2012 A-WORKS
All rights reserved.
Original Japanese edition published in 2012 by A-Works Inc.
Complex Chinese Character translation rights arranged with Sanctuary Publishing Inc.
through Owls Agency Inc. Tokyo.